国家公务员考试高效高分必备指导用书

面　试

原理解读与应试技巧

王毅　编著

★紧扣考纲　讲透原理
★题型齐备　突出实战
★案例精当　注重实效
★讲练结合　总结技巧

天津大学出版社
TIANJIN UNIVERSITY PRESS

图书在版编目（CIP）数据

面试原理解读与应试技巧 / 王毅编著. -- 天津 : 天津大学出版社, 2024. 9. -- (国家公务员考试高效高分必备指导用书). -- ISBN 978-7-5618-7818-7

Ⅰ. D630.3

中国国家版本馆CIP数据核字第2024JV5642号

出版发行	天津大学出版社
地　　址	天津市卫津路92号天津大学内（邮编：300072）
电　　话	发行部：022-27403647
网　　址	www.tjupress.com.cn
印　　刷	天津泰宇印务有限公司
经　　销	全国各地新华书店
开　　本	787 mm×1 092 mm　1/16
印　　张	10.5
字　　数	249千
版　　次	2024年9月第1版
印　　次	2024年9月第1次
定　　价	42.00元

前　言

自 1993 年国家颁布《国家公务员暂行条例》以来，“凡进必考”成为国家录用担任一级主任科员以下及其他相当职级层次的公务员的基本原则。由于国家没有指定统一的考试用书，也没有指定专门的培训机构，市场上关于面试的辅导资料种类繁多、良莠不齐。因此，如何选择一套经典实用的面试考试用书并事半功倍地复习，成为广大立志于从事公务员工作的考生必须面临的现实问题。

《面试原理解读与应试技巧》就是为考生量身打造的公务员考试指导用书。它具有创新、包容和务实三大突出特点，做到了理论性与实战性、系统性与专业性、经济性与实用性的协调统一，旨在让广大考生了解面试考试的基本特点，能够高效地完成对面试知识的学习，顺利通过公务员考试，并为考生今后能更好地胜任公务员工作打下坚实的基础。

本书严格按照国家颁布的面试考试大纲的要求，结合公务员应具备的基本职业能力和学生的认知规律，按照“基本原理解读、各类题型解析、应试技巧分析、真题强化练习”的基本思路进行编写。具体而言，本教材具有以下几个特点。

一是体系设计完整。本书广泛吸收了当前市场上公务员考试辅导资料中面试的核心内容，全面阐述了面试的基本原理，重点分析了结构化面试和无领导小组讨论 2 种基本题型的应答思路与技巧。

二是内容结合实际。本书充分结合了当前公务员工作对考生提出的新要求以及面试的新特点，具有很强的针对性与实效性，并从提高公务员能力的角度出发提出了许多创新思路。不少考生认为面试就是要能说会道就行了，这是一个很大的误区，面试是一项专业性较强的考试科目，要求考生必须全面把握面试的测评要素并能运用自如。

三是结构符合认知规律。本书根据不同地域和不同类别公务员面试的差异性，按照“适用范围、典型样题、导师点评、导师示范、强化训练”的基本思路进行编写，紧紧围绕面试的测评要素，分析面试过程中可能出现的问题，提出了不同的操作性比较强的应答模式。

全书立足面试考试大纲对考生应具备的公务员职业素养与工作能力要求，全面分析了面试的基本原理、考试基本题型及应对技巧、面试的准备过程及基本要求。全书共 6 章，第一章“面试基础部分：原理解读”，从面试的基本内涵、基本原则、测评要素和组织管理等方面进行了阐述；第二章“面试核心部分：题型分析”，主要对求职动机与工作匹配、组织协调能力、应变沟通能力和综合分析能力等 4 种题型进行了具体阐述，并配备了具体的案例分析；第三章“面试准备部分：过程控制”，主要论述面试的具体环节及应对技巧；第四章“面试强化部分：模拟操练”，主要从答题的环节入手，以国考和省考真题为例进行了具体阐述；第五章“面试优化部分：语感培养”，重点提供了考生提高语言表达能力的部分典型素材，其中散文类重在培养考生表达的情感体验，演讲类重在培养考生表达的气势；第六章“面试补充部分:无领导小组讨论”,系统讲述了部分地方和职位使用的无领导小组讨论面试方法的基本原理与应对思路及技巧。

本书不仅适用于参加公务员考试的应届毕业生,也适用于往届毕业生,尤其是参加大学生村官、“三支一扶”和“西部志愿者计划”等公考选拔的考生,还适用于参加遴选的公务员群体。

目　　录

第一章　面试基础部分:原理解读

第一节　面试的基本内涵

一、面试的理论观点

面试是针对国家机关事业单位录用考试中单纯笔试的不足而出现的一种考试方式。尽管笔试和面试都要通过文字表达来考查考生提出问题、分析问题和解决问题的能力,但二者还是有明显的不同之处,笔试往往让考生有比较自由和充分的时间进行思考,而面试则需要考生在特定情境中快速地通过语言表达的方式表明自己的观点。总体而言,笔试侧重考核考生的理论知识,检验考生的智商;面试侧重考核考生的能力,检验考生的情商。

因此,面试是国家机关事业单位录用考试中以语言表达方式呈现的一种考试形式。具体而言,面试是经过组织者精心设计,在特定场景下,以考官与考生的面对面交谈和对考生的观察为主要手段,考生通过语言表达回答设定的问题,由表及里测评考生的知识、能力、经验、气质和性格等有关素质的一种专业性很强的考试活动。

[导师点评] 面试的概念比较鲜明地突出了面试对象的针对性、过程的规范性和内容的全面性等专业性特点。其中对象的针对性是指面试的主体包括专业化的考官和报考特定职位的考生;过程的规范性主要体现在精心设计面试过程、安排特定面试场景、采用特定面试方式(交谈与观察等)等方面;内容的全面性是指面试要求对考生的知识、能力、经验等方面进行全面测评。

[自我修炼] 坚决克服面试中的各种"随意化"倾向,主要包括仪表、行为、表达、过程掌控等方面的随意性。

二、面试的具体呈现

(一)面试就是耍嘴皮子,即要善于进行合理的语言表达

[导师点评] 语言表达是面试的"灵魂"。语言表达可以从形式和实质两个方面来剖析,当然二者也不能完全割裂开来。

从形式方面来看,语言表达可以从语音(普通话/本土大众化方言)、语气(悲伤/赞叹)、语调(抑扬顿挫)、语速(快慢适中)等多个方面进行控制或评价。其中语音主要是要

求考生使用普通话回答问题，现在不少省市规定国家机关工作人员的工作语言必须是普通话，目前只有少数地方可以采用本土大众化方言作答；语气是要求考生回答问题时其情感状态要与内容本身相协调，如在表达社会正能量时语气要高昂，阐述危害时语气要低沉；语调是指要求考生回答问题时要做到抑扬顿挫，如在表达主要观点或内容要点时语调要适当高一点，陈述具体事件或具体内容时语调要适当平一点；语速是要求考生回答问题时做到快慢适中，节奏合理，不能因问题的难易程度和当时的心情而改变。

从实质方面来看，语言表达可以从流利性（表达通畅）、明确性（态度明确）、逻辑性（思维连贯）等多个方面进行训练或评价。其中流利性往往通过负面表现进行评判，如果出现口头禅、半头话（语句表述不完整）和回头话（重复前面的语句）较多，就是语言表达中的不良表现；明确性就是要求考生旗帜鲜明地表达自己的观点，因为面试的时间比较短暂，不需要考生进行渲染与铺排；逻辑性是面试中最重要的测评点，从事物发展的基本逻辑来看，要全面阐述某个事件，必然要从发生、发展、高潮、结局等 4 个方面进行分析。

发生一般是要求分析问题产生的原因。如果是单一主体，往往从直接与间接、主观与客观、内部和外部、主要和次要、宏观与微观等角度进行原因分析，也可以从观念、制度、操作层面的角度进行原因分析；如果是多个主体，一般从不同主体出发进行原因分析，如政府的原因、社会的原因、企业的原因、学校的原因、家庭的原因、个人的原因等。

发展一般是陈述事物发展的过程。任何事物的发展都会经历从量变到质变的过程，在这个过程中，事物会呈现出不同的发展状态，体现出自身的特点，表现出不同的数量特征等，主要通过具体表现和发展阶段等形式呈现出来。

高潮一般是陈述事物发展的结果。事物发展的结果主要表现为积极意义、利弊影响和消极危害 3 个方面。就积极影响而言，往往表现为便民利民、提高工作绩效、弘扬社会正气等方面；就利弊影响而言，往往要从利弊两个方面进行辩证分析；就消极危害而言，往往表现为对政府公信力的影响、对社会秩序的破坏、对经济发展的阻碍、对人民生命财产和健康安全的危害等方面。

结局一般表现为针对问题所采取的应对措施。针对出现的问题所采取的措施主要表现为健全法律法规、提高思想认识、出台政策、完善制度、创新工作方法、加强监督与检查力度等方面。

[自我修炼] 语言表达是一个人综合素养的集中体现，是整个面试工作的根与魂。为此，考生必须高度重视，进行有针对性的训练。主要是要认真诵读第六章所提供的散文和演讲稿，突出"语感""气势"和"流畅"3 个重点，培养自身语言表达能力。

（二）面试就是动脑瓜子，即要具有灵活的思维能力

[导师点评] 反应灵活是面试的"关键"。总的来说，灵活的思维能力主要通过以下 4 个方面体现出来。

一是是否善于抓住问题的本质。各种社会现象与社会问题纷繁复杂，往往会出现各种

各样的看法,理性看待的标准在于是否能够抓住其本质,如北京市发生的八达岭动物园老虎伤人事件,其本质在于当事者对规则意识和生命价值的漠视;重庆市万州区发生的乘客肆意抓拽公交车司机方向盘导致的重大人员伤亡惨剧,其本质在于乘客的公共安全意识淡薄。

二是是否善于从不同角度分析问题。正如前面所言,我们分析问题要善于从事物发展的基本逻辑来看,即要从发生、发展、高潮、结局等 4 个方面进行分析,每一个方面都会因具体情况的不同而呈现出不同的分析视角。如大学生就业困难问题,首先要分析大学生就业困难的原因,而原因又可以从国际环境、国家政策、高校培养、家庭状况和自身观念等多个视角进行分析,其次要分析大学生就业困难的影响,而影响又可以从经济发展、社会稳定等角度进行分析,最后要提出解决大学生就业困难问题的对策建议,而对策又可以从观念(如加强宣传和转变观念等)、制度(如完善就业制度和培养制度等)和操作(如加强组织领导和加大投入等)等角度进行分析,其实质在于考查考生思维的广度与灵活度。

三是是否善于运用最新话语体系。其实质在于考查考生思维的创新性,如新时期应表述为"新时代",以人为本应表述为"以人民为中心",人民群众物质文化需要表述为"人民美好生活需要"等等。

四是是否善于借助自身的工作经验、生活体验和社会常理。为了更真实更全面考查考生的综合素质,也为了突出公招考试的公平性,国家机关事业单位录用面试试题的专业性一般都不强,几乎所有的问题都能够让所有的考生回答。因此,考生回答问题时往往要善于借助自身的工作经验、生活体验和社会常理,也就是我们常说的"将自身置于问题情境中",这样才能有条不紊地回答问题。

总之,反应灵活就是要求考生不仅要通晓当下党和国家的方针政策与现行法律法规,还要善于借助工作经验、生活体验和社会常理,快速抓住问题的本质,从不同的视角展开分析,做到把握分寸,张弛有度。

[自我修炼]这就要求考生要关心时政和各种现实社会问题,重点把握第五章所提供的素材。

(三)面试就是控制性子,即要具备良好的个性特点

[导师点评]这里重点介绍一下气质与性格。气质是指人的心理活动和行为动力方面稳定的个人特点。气质这种心理活动的动力特性主要体现在强度、速度、稳定性、灵活性和指向性等方面。每个人生来就具有某种气质类型,按古希腊医学家希波克拉底的学说,人的气质通常分为胆汁质(主要表现为精力充沛、反应迅速、易冲动)、多血质(主要表现为热情开朗、思维敏捷、易变化)、黏液质(主要表现为沉着稳重、反应迟缓、注意力集中)和抑郁质(主要表现为观察力强、反应迟缓、多愁善感)等 4 种类型。

性格是人对现实的态度和行为方式中较稳定的个性心理特征。它是个性的核心部分,最能表现个别差异。具有复杂的结构,大体包括:对现实和自己的态度的特征,如诚实或虚伪、谦逊或骄傲等;意志特征,如勇敢或怯懦、果断或优柔寡断等;情绪特征,如热情或冷漠、

开朗或抑郁等;理智特征,如思维敏捷、深刻、逻辑性强或思维迟缓、浅薄、没有逻辑性等。

面试中考生良好的个性特点往往是通过以下 4 个方面体现出来的。

一是态度正确。考生正确的态度主要通过政治立场坚定、工作责任心强和待人谦逊有礼等几个方面展现出来。

二是意志坚强。考生坚强的意志主要通过工作目标明确、不畏困难挑战和自律意识较强等几个方面展现出来。

三是情绪积极。考生积极的情绪主要通过生活态度积极、善于反思自我和应变能力较强等几个方面展现出来。

四是理智健全。考生健全的理智主要通过善于主动学习、勇于承担责任和有较强自信心等几个方面展现出来。

[自我修炼] 一是树立正确认知。气质更多地受个体高级神经活动类型的制约,主要是先天的;而性格更多地受社会生活条件的制约,主要是后天的。气质是表现在人的情绪和行为活动中的动力特性(即强度、速度等),无好坏之分;而性格是指行为的内容,表现为个体与社会环境的关系,在社会评价上有好坏之分。气质可塑性极小,变化极慢;性格可塑性较大,环境对性格的塑造作用较为明显。二是克服个人性格的弱点。简单地说,就是要善于自我调节,让活泼型统筹起来、让完美型快乐起来、让力量型缓和下来、让和平型振奋起来。三是明确面试测评要点。考生需要树立正确的世界观、人生观和价值观,积极理性地学习、工作和生活。

三、面试的基本方法

面试的基本方法主要有结构化面试、非结构化面试、情景模拟面试、无领导小组讨论、视频面试和电话面试等。目前,国家机关事业单位录用考试中主要采用结构化面试和无领导小组讨论 2 种方法,其中又以结构化面试运用最为广泛,本书重点以结构化面试为视角进行具体分析,另外第七章专门介绍了无领导小组讨论。

(一)结构化面试

(1)结构化面试的内涵。结构化面试,也称标准化面试,是相对于传统的经验型面试而言的,是指按照事先拟定好的面试提纲上的问题一一发问,并按照标准格式记下面试者的回答和对他 / 她的评价的一种面试方式。之所以叫结构化面试,就是指评分标准结构化,评分考官一致化,考场形式结构化,题目结构化。在考生面试过程中,严禁考官打断学生或者给学生以言语、动作、表情等提示,否则判考官为作弊。

[导师点评] 结构化面试最突出的特点是标准化,能最大程度保证考试的公平与公正。

(2)结构化面试的特点。结构化面试具有以下几个方面的特点。

①根据职位要求设计面试问题。在结构化面试中,面试的目的是要将对职位更合适的考生选拔出来,采用这种面试方法需要进行深入的工作分析,以明确在工作中哪些事例体现

良好的绩效,哪些事例反映了较差的绩效,由执行人员对这些具体事例进行评价,并建立题库。结构化面试测评的要素涉及知识、能力、品质、动机、气质等,尤其是有关职责和技能方面的具体问题,更能够保证筛选的成功率。

②对所有考生采取相同的测试流程。在结构化面试中,不仅面试题目对报考同一职位的所有考生相同,而且面试的指导语、面试时间、面试问题的呈现顺序、面试的实施条件都应是相同的。这就使得所有的考生在几乎完全相同的条件下接受面试,保证面试过程的公正、公平。

③面试评价有规范的、可操作的评价标准。针对每一个测评要素,结构化面试有规范的、可操作的评价标准,从而使每位考官对考生的评价有统一的标准尺度。考生的面试成绩最终是经过科学方法统计出来的(即对每个要素去掉众多考官评分中的最高分和最低分,然后得出算术平均分,再根据权重合成总分)。

④考官的组成有结构。在结构化面试中,考官的人数必须在2人以上,通常有5~9名考官。考官的组成一般也不是随意决定的,而是常常根据拟任职位的需要按专业、职务甚至年龄、性别按一定比例进行科学配置,其中有一名是主考官,一般由他/她负责向考生提问并把握整个面试的总过程。

总而言之,结构化面试具有试题固定、程序严谨、评分统一等特点。从实践来看,结构化面试的测量效度、信度都比较高,比较适合规模较大,组织、规范性较强的录用面试,因此,结构化面试已经成为录用面试的基本方法。

[导师点评]结构化面试的题目设计来源于公务员工作实际需要,具有较高的效度与信度,同时它还具有操作便利的特点,因而得以广泛推广与使用。

(3)结构化面试的优缺点。结构化面试有很多优点,如内容确定、形式固定、便于考官面谈时操作;面谈测评项目、参考话题、测评标准及实施程序等,都是事先经过科学分析确定的,能保证整个面试有较高的效度和信度;对于有多个考生竞争的场合,这种面试更易做到公平、统一;更主要的是这种面试要点突出,形式规范,过程紧凑,实施高效,能更加简洁地实现目标。在比较重要的面试场合,如录用公务员,选拔管理人员、领导人员等,常采用结构化面试。当然,结构化面试也有其缺点。在实践操作过程中,结构化面试也存在着面试官对面试者评比标准不统一、面试官组成结构不尽合理、面试过程缺乏灵活性等突出缺陷。

[导师点评]任何事物都要辩证地加以看待,结构化面试也不例外,它在尽可能地保证面试工作公平公正高效进行的同时,也不可避免地受到程序的制约以及人为因素的影响。

(二)非结构化面试

非结构化面试亦称"随机面试",指主试官可以任意地与应试者讨论各种话题,或针对不同应试者提出不同问题的面试。非结构化面试是主试官与应试者围绕某一主题随心地交谈,让其自由发表议论,在"闲聊"中观察应试者的组织能力、知识面以及谈吐和风度的一种面试方式。

（三）情景模拟面试

情景模拟面试是结构化面试的一种。它包含一系列与申请职位或工作相关联的场景问题，这些问题有预先确定的明确答案，主试者对所有被试者询问同样的问题，被试者同样可以问与工作关联的问题。问题可接受的答案事先由一组专家或主试者共同确定。情景模拟面试是信度较高的一种面试方法。

（四）无领导小组讨论

无领导小组讨论是一种采用情景模拟的方式对考生进行集体面试的面试考查方式，考官可以通过考生在给定情景下的应对危机、处理紧急事件以及与他人合作的状况来判断该考生是否符合岗位需要。

（五）视频面试

视频面试主要用于企业应聘。视频面试更多的是通过语音聊天来展示自己，做自我介绍时要重点突出，有的放矢。打破了原始纸质简历的单调、平面，用声音、表情、动作给企业留下深刻印象。

（六）电话面试

电话面试要求注重求职者的口才表达能力，电话中因为没有肢体语言，也没有纸质证明等条件，求职者的口才表达能力就显得特别重要。电话面试往往可以使 HR（人力资源人员）对求职者获得第一感觉，对以后能否有第二次面试和笔试的机会等具有决定性的作用。但基于电话面试的条件局限性，一般都只会将其作为初步了解求职者大体情况的工具。

第二节　面试的基本原则

一、面试的命题原则

（一）典型性原则

面试内容不能过于肤浅与单一，要体现出时代特点，但也不能过于专业与烦琐，而应在某一方面或某一环节上具有一定的典型性，足以代表某一类问题，这样才能测试出考生的某一特定素质。

[导师点评] 面试命题的典型性原则的实质是试题内容要具有代表性。面试试题的范畴非常广泛，如何通过某个具体的问题高效度地测试出考生某个方面的潜在素质，是面试试题制定者面临的严峻挑战。因此，面试试题一定不会过于僵化与狭窄，从而保证能够让考生

围绕主题展开陈述。

[自我修炼] 严格对照面试的测评要素(本章第三节)凝聚回答问题的方向以及广度与深度。

(二)灵活性原则

由于面试题目大多属于主观性题目,模拟操作中也有不少非标准化部分,考生的解答或操作因人而异。

[导师点评] 面试命题的灵活性原则的实质是试题内容要具有主观性。面试的主要目的是考查考生的综合素养,面试问题不宜过于专业化,问题答案不宜过于客观化或标准化,尤其是要尽量规避考生的专业优势,否则就是笔试需要解决的问题了。

[自我修炼] 考生要善于围绕主旨,紧密结合自身工作经验、生活体验和社会常理,采用个性化、具体化的方式回答问题,这样效果最佳。

(三)求实性原则

面试命题应根据考生拟任职位实际需要的专业知识、技能和素质及工作能力、心理素质等来设计试题,要充分体现出不同职类、不同职位工作要求的特点,突出测试内容的重点,使测试内容具有针对性。

[导师点评] 面试命题的求实性原则的实质是试题内容反映职位要求。面试的最终目的是录用特定岗位所需要的人才,它不但要求考生具备所应聘职位要求的专业素养,而且要求考生熟悉该专业或行业领域的发展前景,还要求考生有相对明确的职业生涯发展规划。

[自我修炼] 考生要善于针对职位特点梳理出自己所具备的各种竞争优势以及客观存在的短板,并且能够规划出比较清晰的职业生涯发展路径。

(四)操作性原则

面试是短时间的考查,不可能面面俱到。因此,涉及灵活性、应变性的题目不宜过多,而考官难以及时现场评估的问题,如政治立场、思想品德等一般不单独作为考题出现。命题者一般从考生实际出发,命制一些在实际工作中具有可行性的题目。

[导师点评] 面试命题的操作性原则的实质是考试过程要体现便利化。操作性是体现面试实效性的重要标志。要求考生回答问题时必须紧扣主旨、紧扣材料、紧扣社会现实。

[自我修炼] 考生一定要善于联系社会现实回答所提问题,切忌捕风捉影或模式化、同质化地回答问题。

二、面试的答题原则

（一）实事求是原则

实事求是是一个公务员应当具备的基本素质与道德底线，它是公务员选拔的一个重要标准。通过选拔，可以把那些诚实守信、坚守职业道德的人选进公务员队伍中。因此，考官特别看重考生的人品。

（1）适用范围。这个原则主要适用于回答背景类、意愿类考题。

（2）典型样题。有人认为工作环境和待遇是选择工作的主要标准，你对这个问题有什么认识？结合你自己的情况谈谈这个问题。

（3）答题思路。考生需要结合自身的实际情况谈，可以适当拔高，但是必须遵循实事求是的原则，不能脱离现实，过于美化自己。

首先，这话听起来有一定的道理，毕竟宽敞舒适的工作环境和优厚的待遇能让人身心愉悦和提高物质生活水平，能够更大程度地激励人发挥自身潜能，努力工作。

其次，关于工作环境和待遇的范围也要有一个正确的理解，工作环境不仅限于办公条件，交通、通信工具，还包括单位风气、领导作风、和谐程度等；待遇不仅限于工资、奖金、福利，还应包括荣誉奖励、激励晋升等。考虑工作环境和待遇问题时，不仅要看硬环境，还要看软环境，不仅要看物质待遇，还要看精神鼓励。

最后，我觉得工作环境和待遇不应该成为选择工作的唯一标准，选择工作时还要考虑自身价值的实现，此外也要与自己的兴趣爱好和所学的专业相结合。

（二）全面辩证原则

就是要求考生善于运用哲学上的一分为二看问题的观点，首先对两个看起来相矛盾的话语进行一个总的评论；接着，从不同的侧面来阐述；最后，结合实际工作谈自己的感受。

（1）适用范围。这个原则主要适用于回答哲理类、社会现象类考题。

（2）典型样题。拿破仑说：不想当元帅的士兵不是好士兵。孙中山说：青年要立志做大事，不要立志做大官。谈谈你的看法。

（3）答题思路。考生回答这类问题时，一定不要将二者对立起来，而是要善于找到其共通之处，有机结合起来分析。

首先，拿破仑和孙中山都是一个时代的象征，他们永不服输的精神是值得我们青年人学习的，他们的话更值得我们去深思。

其次，这两句话讲的是同一个问题的不同方面。拿破仑的话主要是激励我们，告诉年轻人应该有一个崇高的理想，敢于为自己的目标而努力奋斗；孙中山的话则是告诫我们，青年人应该树立正确的世界观、人生观和价值观。他们的话都是非常有道理的，并不矛盾。

最后，从两位名人的至理名言中，我体会到：作为一名当代青年人，应该为自己树立一个远大目标，为了这个目标而不懈努力；但是我更意识到时代所赋予的重任，如果我能有幸进入公务员队伍，我将牢记孙中山的话，不应该为了当官而当官，因为无论是手中的权力还是头顶上的光环，这一切都是人民群众所赋予的，我应该踏踏实实地为人民做事，为人民谋利益，这样才能成为一个合格的公务员。

（三）表态扬弃原则

（1）适用范围。这个原则主要适用于回答社会现象类、压力类考题。

（2）典型样题。现在，不少地方、部门和单位讲排场、比阔气、花钱大手大脚，奢侈之风盛行，群众反映强烈，甚至有些官员借修建豪华办公楼进行敛财犯罪而被追究法律责任。对此现象你有什么看法？

（3）答题思路。第一步，可以给这种观点、现象定性，表明自己的立场；第二步，阐述这种现象产生的原因以及如何杜绝它的产生。

首先，这些地方、部门和单位形成的奢侈之风，以及某些官员借修建豪华办公楼敛财的行为，说明某些领导干部的思想已被腐化，其服务理念已严重扭曲，完全背离了中央提倡的节约俭朴、艰困奋斗和建设节约型社会的精神，讲了排场，失了民心，应给予严厉的惩治，坚决遏制这种不正之风的蔓延。

其次，从这些现象可以看出某些公务员由于做不到勤俭节约从而滋生腐败。党的二十大报告明确提出，坚决打赢反腐败斗争攻坚战持久战……只要存在腐败问题产生的土壤和条件，反腐败斗争就一刻不能停，必须永远吹冲锋号。坚持不敢腐、不能腐、不想腐一体推进，同时发力、同向发力、综合发力。

最后，作为一名国家公务员，要务必不忘初心、牢记使命，务必谦虚谨慎、艰苦奋斗，务必敢于斗争、善于斗争，从自身做起，从现在做起，从身边的小事做起，努力发挥政府机关在建设节约型社会中的表率作用；同时，更应以史为鉴，在腐败问题上保持清醒的认识，树立正确的人生观、价值观、利益观、地位观与权力观，牢记为人民服务的宗旨，勤政为民，廉洁奉公；严格遵守有关规章制度，自觉接受组织和群众监督，防微杜渐，保持清正廉洁，积极与腐败现象作斗争。

（四）沉着冷静原则

（1）适用范围。这个原则适用于回答压力类、领导类考题。

（2）典型样题。一份机密文件不见了，当你准备向领导报告时，第二天又出现在你的抽屉里。你如何处理这件事？

（3）答题思路。回答压力性试题时，要体现沉着冷静原则，遇事不慌乱，回答问题过程中注意强调“坚持原则和大局意识”。

首先，我认为要向领导报告这份文件失踪的事，并向领导检讨自己的过失。机密文件涉及国家或部门机密，因此它的发放和传阅是很严肃的，不相干的人是不能看到的，否则将构成犯罪。

其次，追查机密文件被何人传阅过，有什么人接触过机密文件，保证机密文件内容不被别有用心的人掌握。查清后向领导报告，并请示处理意见。

再次，对照本单位机密文件管理制度，深刻检讨自己的工作过失，请求领导给予相应的处分。

最后，建议领导在本单位开展一次保密教育活动，努力提高大家对保密工作重要性的认识，建立健全保密工作制度。

（五）自我批评原则

（1）适用范围。这个原则重点适用于回答压力类、人际关系类考题。

（2）典型样题。假如你正在兴致勃勃地和同事谈论领导的缺点，领导出现了，你该怎么办？领导的能力比你低，你该怎么做？如果领导比你强很多，你又该怎么做？

（3）答题思路。第一，出现问题先从自己身上找原因；第二，结合具体问题具体分析。

首先，在背后议论别人（特别是别人的缺点）本身就是不尊重他人的不道德行为，是不可取的，所以应避免这种情况的发生。

其次，如果领导的能力比我低，我也不会因此而轻视他。既然他是领导，那一定有他成为领导的原因，无论怎么样，尊重领导是上下属关系中起码的要求。同时，自己还是应该在岗位上兢兢业业地工作，那是对自己的负责和对职业的尊重。相信这个世界是公平的，是金子总会有发光的时候。

最后，如果领导能力比我强，那我更应该敬重他，把在他手下工作当成一种学习和锻炼的机会。我一定要多向他学习，取其之长、补己之短。平日做个有心人，从细微处学习一点一滴。俗话说“强将手下无弱兵”，有一个能力比自己强的领导，我一定成长得更快。

（六）汇报沟通原则

（1）适用范围。这个原则重点适用于回答压力类、人际类、情景类考题。

（2）典型样题。假如一位你需要经常合作的同事，和你在工作中常常有较大的分歧，影响了工作效率，你怎么与他合作共事？

（3）答题思路。消除人与人之间产生的误解，一个最有效的方式就是沟通，回答此类问题时应注意这个细节。

首先，人都是有感情的，有可塑性的，是可以被说服的。因此和同事友好相处是完全可以做到的。要认识到，和同事之间，尤其是经常需要合作的同事间，和睦相处形成一个和谐一致的关系是非常重要的，否则肯定要影响到工作效率。不能有分歧就和他争吵，吵架是不能解决问题的。

其次，和任何人相处都要尊重对方，只有尊重别人，别人才会尊重你。真诚地对待他，有分歧时要多做沟通，不在背后传播谣言。要谦虚谨慎，自己可能比较年轻，资历浅，工作经验少,要本着请教学习的态度和他交流,不能恃才傲物。要善于发现别人的优点,不苛求别人。

最后,分析为何他老是和自己产生分歧,如果是脾气性格上的差别导致分歧,在平时工作之余要多和这位同事沟通,在生活上能提供帮助的时候尽量提供。如果是关于工作荣誉的分配问题,要有主动承担繁重工作的精神,有成绩不要自我夸耀,不计较个人的得失,有忍让精神等等。我相信通过自己的努力应该能够和这位同事友好相处,共同促进工作效率的提高。

(七)轻重缓急原则

(1)适用范围。这个原则主要适用于回答压力类、组织类考题。

(2)典型样题。一天早上你刚上班,有三件事,让你马上去做,你怎样处理?①你的领导让你马上写一个工作方案,下午开会就用,并且你对这个工作方案,认为还有不妥之处。②群众上访,牵扯到你负责的工作,需要你马上去解释,但是你对于需要解释的内容还没了解清楚。③你同科室的小李被提干了,组织部马上找你去做群众谈话。

(3)答题思路。公务员工作琐碎复杂,有时候许多事情之间会相互冲突,根据轻重缓急的原则来处理事情,也是从事公务员工作所应具备的基本素质。

首先,生活中我们会经常遇到这种同时都很重要,同时都急着需要解决的事情。这时,我们首先要冷静地思考,沉着应对,千万不要自乱阵脚。要本着"有理、有利、有节"的原则来处理这样的问题。面对这三件事,我是这样来处理的。

我首先处理的是群众上访的问题,因为群众来上访,必定是带着情绪来的,如果不能及时地解释或处理好的话,往往会造成事态的进一步恶化,甚至会出现无法控制或意想不到的局面。所以,我马上要把不了解的情况弄清楚,及时给上访的群众一个合理的解释,让群众满意。当然,在解决群众上访的事情前,我要及时向组织部的领导解释清楚,可让他们先找别人谈话,或是推迟谈话的时间。我想领导肯定会以大局为重,理解并支持我的。

处理好这两件事后,我会再处理工作方案的事。工作方案下午才用,我完全可以利用中午休息的时间把它做好。当然,对于方案中我认为不妥的地方,首先要全面地分析自己的看法,因为自己认为不妥,并不代表着它确实不妥,毕竟每个人看问题的角度不同,所产生的结果也会不同。况且领导看问题的角度和眼光,要远远高于自己,所以,要全面分析自己的观点及看法。其次,如果经过反复推敲确实认为自己的看法正确或领导的方案有不妥之处,可向有经验的同事请教,参考一下他们的看法。最后,如经过反复的论证,证明领导的方案有不妥之处,可向领导委婉提出,我相信领导会接受建议的。

综上所述,我们在生活中同时遇到几件都非常紧急的事件时,一定要做到冷静观察,沉着应对。

（八）精心组织原则

（1）适用范围。这个原则主要适用于回答组织类考题。

（2）典型样题。如果让你组织一次查“三无”人员的行动，你将如何组织？

（3）答题思路。这类题目可以分活动前的准备、活动过程中的控制、活动结束后的汇报和总结三步来回答。

首先，确定参加此次活动的人员，先对辖区内的“三无”人员进行摸底调查，确定辖区内的“三无”人员人数和集中地。掌握第一手资料，方便活动展开。设计活动方案和制订“三无”人员安置计划。

其次，进行人员分组和负责地区分配，根据前期掌握的资料，清查活动开始，按方案进行，灵活行动。

最后，对此活动进行工作总结，并写出详细的工作报告。

（九）团结合作原则

（1）适用范围。这个原则重点适用于回答人际类、组织类考题。

（2）典型样题。工作中你难以和同事、上司相处时，你该怎么办？

（3）答题思路。公务员工作中，比较注重强调“团结合作、大局意识”，这一点非常重要。可以按以下步骤回答。

首先，不管怎样，要以全局为重，以工作为重，在工作中要坚决服从领导的指挥，密切配合同事的工作。努力调整好自己的情绪和精神状态，不能因此而导致工作出错，更不能因此而造成新的关系紧张。

其次，认真查找原因。我会从自身找原因，仔细分析是不是因为自己工作做得不好而让领导不满意，同事看不惯。还要看看是不是为人处世方面做得不好。如果是这样的话我会努力改正。如果我找不到原因，我会找机会跟他们沟通，请他们指出我的不足，有问题就及时改正。

最后，可以工作之余努力培养起与领导、同事共同的健康有益的兴趣和爱好。总之，应该时刻以大局为重，即使在一段时间内，领导和同事对我不理解，我也会做好本职工作，虚心向他们学习。我相信，他们会看见我的努力，我们的相处会很融洽！

（十）自圆其说原则

（1）适用范围。这个原则重点适用于回答演讲类、串词类考题。

（2）典型样题。请用“丰富、摇篮、水平、编译、活动”五个词编一段话。

（3）答题思路。这类考题没有标准答案，只要回答能首尾一致即可。

随着中国全球化步伐的加快，公务员需要不断提高自己的英语听说能力以适应形势的需要。小黄是经济运行部门的一位普通文员，他清楚知道自己的英语水平并不足以应付编译国外公文文书的工作，他利用空闲时间报名参加了新东方英语辅导班。那里不愧是培养英语人才的摇篮，在课堂上通过有趣的自由口语问答活动，调动大家练习口语的积极性，并在听说过程中，帮助大家丰富词汇。经过两个月的努力学习，小黄的英语水平在部门中已经小有名气了。

第三节　面试的测评要素

一、面试测评要素的构成

（一）基本素质与能力

（1）仪表风度。主要是指考生呈现出的体型、外貌、衣着、举止、气色、精神状态等外部特征。一般而言，国家公务员、事业单位工作人员、专业公关人员、企业经理人员等职业群体，对仪表风度的要求较高。研究表明，仪表端庄、衣着整洁、举止文明的人，一般做事有规律、注意自我约束、责任心强。

[导师点评]一般情况下，仪表风度方面基本上只注重考生负面表现，也就是说只要得体就可以了，没有必要过于夸张。通常情况下，负面情况主要表现在以下几个方面：一是不注重礼节，既无敬语也无敬礼；二是没精打采，目光呆滞或面无表情等；三是目光游离不定或多余动作较多等；四是穿着随意不得体，如男士穿圆领汗衫、拖鞋等，女士着装妖娆、浓妆艳抹等；五是发型怪异或奇特，如男士头发过长盖过耳朵或过短尽显头皮等，女士头发染色或装扮不符合大众审美等。

[自我修炼]考生思想上要高度重视，尽量克服随意性，并且以适合自己的方式作必要的形象准备与精神准备。

（2）语言表达能力。主要指语言表达的流利性、明确性和逻辑性等。考查面试中考生是否能够将自己的思想、观点、意见或建议顺畅地用语言表达出来。

[导师点评]前面已作必要说明，这里特别强调一点的是必须树立起足够的自信心，千万不要为自己所回答的内容本身所困扰，否则自己的临场表达能力将会严重受限。在面试实践中，考生一定要始终信奉一个理念："我说的都是对的。"要做到"三个不要"：不要怀疑自己所讲的内容；不要纠正自己所说的；不要在意评委的各种反应。

[自我修炼]学会不受外界因素的干扰而顺畅地表达自己的思想与观念。

（3）分析判断能力。在面试实践中，分析判断能力主要是考查考生是否能对主考官所提出的问题，通过分析抓住本质，并且立场正确、说理透彻、分析全面、条理清晰。

[导师点评]分析判断能力主要考查考生对当前发生的一些社会问题是否有独到的、深入的、全面的理解与把握，关键在于从宏观的视角抓住问题的本质所在。因此，考生回答问题时要体现"四度"：一是要有高度，即善于站在全局的视角考虑一个具体问题；二是要有深

度，即善于发现问题的本质所在；三是要有广度，即善于从不同的角度分析一个具体的问题；四是要有温度，即善于换位思考，体现人文关怀。

[自我修炼] 考生要熟悉当前国家正在实施的一系列法律法规、方针政策等，否则难以把握社会核心价值理念。

（4）求职动机与岗位的适应性。该测评要素主要是了解考生为何希望来本单位工作，对哪类工作最感兴趣，在工作中追求什么，判断本单位所能提供的职位或工作条件等能否满足其工作要求和期望，对职位的选择是否出于自己真正的意愿，是否有未来目标等等。

[导师点评] 主要考查考生是否有明确的符合自身特点的职业发展规划。

[自我修炼] 关键点在于考生切忌刻意迎合问题的主观引导，过于标榜自我，一定要结合自身实际，客观理性回答问题。

（5）人际关系协调能力。主要考查在人际交往方面的倾向、个性特征，能否正确处理复杂人际关系，协调各种利益冲突。在面试中，通过询问考生经常参与哪些社团活动，喜欢同哪种类型的人打交道，在各种社交场合所扮演的角色，可以了解考生的人际交往倾向和与人相处的技巧。

[导师点评] 人际关系协调能力的培养永远没有终点，可以说，人的一生都需要在实践活动过程中不断修炼与提高。但人际关系协调的灵魂或者说必须坚持的根本准则却是客观存在的，也是可以坚守的。如处理与上级关系时，应以服从上级为准则；处理与同事关系时，应以高效完成工作任务为准则；处理与下级关系时，应以充分调动下级积极主动性与创造性为准则；处理与亲友关系时，应以坚持大原则为准则；处理与服务对象（群众）关系时，应以提供优质服务为原则。否则，你会因各种情境的设置而无所适从。

[自我修炼] 关键在于考生不仅要坚守准则，而且要善于主动设置不同的情形并予以灵活应对。

（6）反应能力与应变能力。主要看考生对主考官所提出的问题的理解是否准确，以及回答的迅速性、准确性等。对于突发问题的反应是否做到机智敏捷、回答恰当。对于意外事情的处理是否得当、妥当等。

[导师点评] 类似于对分析判断能力的考察。关键在于考生不仅要对社会问题有比较成熟的看法，还要求考生要熟悉一些为人处事的基本常识，也就是具备一定的社会阅历。

[自我修炼] 关键在于考生不要急躁，要善于轻松地从发生的问题与意外事件中辨别出所反映的本质所在或问题的症结所在。

（7）自我控制能力与情绪稳定性。自我控制能力对于国家公务员显得尤为重要。一方面，在遇到上级批评指责、工作有压力或是个人利益受到冲击时，能够克制、容忍，理智地对待，不致因情绪波动而影响工作；另一方面工作要有耐心和韧劲。

[导师点评] 主要测评考生的心理素质状况。

[自我修炼] 关键点在于考生不要表现出攻击性，遇到困难与问题时要善于从自身查找原因即主动进行自我反思。

(8)工作态度。一是了解考生对过去的学习、工作的态度;二是了解其对现报考职位的态度。在过去的学习或工作中态度不认真,对于做什么、做好做坏者无所谓的人,在新的工作岗位也很难做到勤勤恳恳、认真负责。

[导师点评] 主要考查考生是否有强烈的责任感和担当意识,不仅要求做事有章法,而且要求遇事有担当。

[自我修炼] 要求考生树立高度的责任感,不对外部(哪怕是外部原因造成的)推卸责任,勇于从自身查找问题,主动承担失职责任。

(9)上进心与进取心。上进心、进取心强烈的人,一般都确立有事业上的奋斗目标,并为之而积极努力。表现在努力把现有工作做好,且不安于现状,工作中常有创新。上进心不强的人,一般都是安于现状,无所事事,不求有功,但求无过,对什么事都不热心。

[导师点评] 主要考查考生是否有持之以恒、锲而不舍的精神和积极向上的乐观主义心态。

[自我修炼] 不仅要求考生看待社会问题时要用正面的观念来看,树立正能量,而且要求考生要有较强的抗挫能力,保持昂扬向上的工作状态。

(二)专业知识和技能

(1)专业知识。重在考查考生受教育程度和学历水平以及进修和培训收获等。了解考生掌握专业知识的深度和广度,了解其专业知识更新是否符合所要录用职位的要求,作为对专业知识笔试的补充。

[导师点评] 专业知识本身不是面试考察的重点,但要体现自己的特色与亮点。

[自我修炼] 要求考生能比较准确与流畅地陈述自己的专业、毕业论文以及与应聘职位密切相关的专业课程等基本内容。

(2)工作实践经验。一般通过查阅考生的个人简历,作一些相关的提问。查询考生有关背景及过去工作的情况,以补充、证实其所具有的实践经验,通过对工作经历与实践经验的了解,还可以考查考生的责任感、主动性、思维力、口头表达能力及遇事的理智状况等。

[导师点评] 考生一定要尽量做到实事求是,切忌主观虚构,否则难以流畅表达或自圆其说。同时,考生还应尽量谦虚谨慎,主动表达缺乏经验,哪怕参与过再多的实践活动。

[自我修炼] 考生面试前要作好充分的准备,尽量用一些亲身经历的事实来展现自己的实践经验,重点是要突出个性化色彩。

(3)基本技能掌握情况。在人类已跨入21世纪的今天,逐步将英语会话能力、汽车驾驶能力和计算机操作能力视为公务员必须掌握的三大基本技能,将其作为公务员面试了解内容已成为一种选择。

[导师点评] 考生可以结合自己应聘的职位来展示所获得的各种专业证书,并简要阐述其对工作的促进作用。

[自我修炼] 关键在于结合职位要求与个人成果有分寸地陈述。

（4）业余兴趣与爱好。考生休闲时爱从事哪些运动，喜欢阅读哪些书籍，喜欢什么样的电视节目，有什么样的嗜好等，通过上述内容可以了解一个人的兴趣与爱好，这对录用后的工作安排常有好处。

[导师点评] 实际上是考查考生是否有比较宽广的知识视野与健康的生活方式。

[自我修炼] 考生宜紧紧围绕职位要求与自身职业发展规划或个人理想目标进行陈述。

二、面试测评要素评分表

面试的测评要素是整个面试工作的指挥棒，是决定考生面试成绩的具体表征。通常情况下，每位考官手上都应该有一份“面试考官评分表”，考官根据考生在面试中各方面的具体表现在相应的评分要素中确定一定的等次，并给出与该等次相对应的具体分数，最后汇总得出该考官对考生给出最终的面试成绩。此外，考生整个面试的最终成绩是所有考官中去掉一个最高分和一个最低分后加权平均所得出的分数。一般情况下，根据面试的题型以及题量的变化，面试考官评分表主要表现为五要素、六要素和七要素 3 种情形。

（一）面试考官“五要素”评分表

面试考官“五要素”评分表详见表 1.1。

表 1.1 面试考官“五要素”评分表

面试要素		综合分析能力	计划组织能力	应变能力	语言表达能力	举止仪表
分值		30	25	25	15	5
评分标准	好	25~30	20~25	20~25	12~15	4~5
		准确理解、把握事情本质，分析客观、全面、透彻，逻辑性强，条理清晰	能清晰分析目标，合理调配资源，正确安排各项工作任务的流程，对计划执行过程中的重要环节重点监控，对潜在问题有所准备	面对压力情境，沉着冷静，考虑问题周到，准确把握时机，采用灵活方式，迅速进行决策和处理，解决问题效果好	表达准确、简洁、大方，叙说流畅，无语病	文化素养高，举止文雅，穿着得体，无多余动作
	中	15~22	13~19	13~19	8~11	2~3
		对事物的本质有一定了解，分析不够全面、不够深入，逻辑性较强，条理不够清晰	能够分析目标，了解和利用现有资源，任务安排和执行环节基本合理，有一定的监控意识	在压力情境下，能够保持一定的情绪稳定性，考虑问题较为周全，采取的策略和方法有一定的灵活性，解决问题效果较好	表达较准确，叙说较通顺，不够简明，有些语病	有文化素养，举止不够大方，穿着整齐

续表

面试要素		综合分析能力	计划组织能力	应变能力	语言表达能力	举止仪表
评分标准	差	0~14	0~12	0~12	0~7	0~1
		考虑问题角度单一，就事论事，逻辑性不强，论述简单，没有条理	缺乏对目标的分析，工作安排没有条理性，资源调配不合理，缺乏对执行过程中可能出现问题的准备	在压力情境下，情绪较为慌乱，考虑问题简单，处理方法单一，解决问题效果不好	表达不准确，语言不通顺，说话累赘、啰唆，有较多语病	文化素养差，穿着不得体，举止不恰当，多余动作较多
择重考题		一题为主	二题为主	三题为主	全过程	

(二)面试考官"六要素"评分表

面试考官"六要素"评分表详见表1.2。

表1.2　面试考官"六要素"评分表

面试要素		逻辑思维能力	组织协调能力	应变能力	责任感与进取心	语言表达能力	举止仪表
分值		20	20	20	20	15	5
评分标准	好	15~20	15~20	15~20	15~20	11~15	4~5
		层次清楚，主次分明，条理清晰，善于综合分析，逻辑性强，思维面广	有很强的设计与计划能力，计划周密可行且有很强的组织能力；有很强的合作意识与合作技巧，且协调沟通方法得当	对事物的变化反应敏捷自然，有很强的应急能力，处理问题恰当、得体，有很强的心理承受能力	诚实负责，自信务实，既有进取意识而又踏实、谦逊，回答很有分寸	表达准确、简洁大方，叙说流畅得体，无语病	文化素养高，举止文雅，穿着得体，无多余动作
	中	10~14	10~14	10~14	10~14	5~10	2~3
		有条理，有主次，有一定逻辑性，能分析归纳问题	办事有计划但不够严密，有一定的组织能力，有合作意识，懂得一些协调方法	能对事物的变化作出反应，尚能应急处理一些棘手问题，有一定的心理承受能力	有一定的自信心和进取精神，但有些好高骛远，不切实际	表达尚清楚，叙说较通顺但不够简明，有些语病	有文化素养，举止不够大方，穿着整齐
	差	0~9	0~9	0~9	0~9	0~5	0~1
		条理混乱，内容凌乱，缺乏逻辑性，思维面窄	办事无计划性，考虑事情不周到，缺乏组织管理意识与合作意识，沟通与协调方法少	对事物反应迟钝，不知所措，处置不当，对外部压力比较敏感，情绪容易激动	回答问题绕弯子，办事不负责任，无进取心或华而不实、哗众取宠	表达不准确，语言不通顺，说话累赘、啰唆，有较多语病	文化素养差，穿着不得体，举止不恰当，多余动作较多
择重考题		二题为主	三题为主	四题为主	一题为主	全过程	

(三)面试考官“七要素”评分表

面试考官“七要素”评分表详见表1.3。

表1.3 面试考官“七要素”评分表

面试要素		理论素养与政策水平	综合分析思维能力	组织协调能力	应变能力与个性稳定	责任感与进取心	语言表达能力	举止仪表
分值		20	20	14	10	14	14	8
评分标准	优	18~20	18~20	13~14	9~10	13~14	13~14	7~8
		善于运用马克思主义原理来分析实际问题,注重原则性和灵活性相结合。具有较强的理论素养与政策水平	思维严密,条理清晰,善于全面综合分析,逻辑性强	有很强的设计与计划能力,计划周密可行且有很强的组织能力;有很强的合作意识与合作技巧,且协调沟通方法得当	对事物的变化反应敏捷自然,有很强的应急能力,处理问题恰当、得体,有很强的心理承受能力	诚实负责,自信务实,既有进取意识而又踏实、谦逊,回答很有分寸	表达准确、简洁大方,叙说流畅得体,无语病	文化素养高,举止文雅,穿着得体,无多余动作
	良	15~17	15~17	11~12	7~8	11~12	11~12	5~6
		能够运用马克思主义原理来分析实际问题,具有一定的理论素养与政策水平	思维比较严密,条理比较清晰,能够从多个方面分析问题,有一定的逻辑性	具备较好的设计与计划能力,计划可行且有较好的组织能力;有合作意识与合作技巧	有较好的适应性,能够根据外界变化作出合理反应,能稳定自己的情绪	比较诚实,有一定的自信心和进取精神	表达比较准确、简洁、大方,叙说比较流畅,基本无语病	文化素养较高,举止端正,穿着得体,比较注重礼节
	中	9~14	9~14	8~10	5~6	8~10	8~10	3~4
		能够运用马克思主义原理来分析实际问题,缺乏原则性和灵活性	基本有条理,能够分清主次,能分析归纳问题	办事有计划但不够严密,有一定的组织能力,有合作意识,运用协调方法比较生硬	能对事物的变化作出反应,尚能应急处理一些棘手问题,有一定的心理承受能力	有一定的自信心和进取精神,但有些好高骛远,不切实际	表达基本清楚,叙说较通顺但不够简明,有些语病	有文化素养,举止不够大方,穿着整齐
	差	0~8	0~8	0~7	0~4	0~7	0~7	0~2
		不能运用马克思主义原理来分析实际问题,缺乏应有的理论素养与政策水平	条理混乱,内容凌乱,缺乏逻辑性,思维面窄	办事无计划性,考虑事情不周到,缺乏组织管理意识与合作意识,沟通与协调方法少	对事物反应迟钝,不知所措,处置不当,对外部压力比较敏感,情绪容易激动	回答问题绕弯子,办事不负责任,无进取心或华而不实、哗众取宠	表达不准确,语言不通顺,说话累赘、啰嗦,有较多语病	文化素养差,穿着不得体,举止不恰当,多余动作较多
择重考题		一题为主		三题为主	四题为主	二题为主	全过程	

第四节　面试的组织管理

一、公务员录用面试组织管理办法

《公务员录用面试组织管理办法(试行)》

人社部发〔2015〕93号

第一章　总则

第一条　为规范公务员录用面试工作,根据公务员法、《公务员录用规定(试行)》,制定本办法。

第二条　本办法适用于各级机关考试录用主任科员以下及其他相当职务层次的非领导职务公务员的面试工作。

第三条　面试工作坚持依法、公平、公正、科学、安全的原则。

第四条　面试由省级以上公务员主管部门组织实施,也可委托省级以上招录机关或授权设区的市级公务员主管部门组织实施。

根据职责分工,人事考试机构可承担面试考务等有关工作。

第五条　组织实施面试应当制定工作方案,明确面试方法、实施步骤与流程、考场设置要求、面试题本命制与管理以及面试工作人员职责等。

第二章　面试试题命制与管理

第六条　省级以上公务员主管部门组织命制或审定面试试题。根据职责分工,省级以上组织人事考试机构承担面试试题命制等有关工作。也可以委托专门机构承担面试试题命制等支持与服务工作。

经中央公务员主管部门委托,中央一级招录机关可以组织命制适合本单位(本系统)的面试试题。

第七条　命制面试试题应制定工作方案,科学设置面试测评要素、试卷结构、试题数量等。测评要素根据招录职位所需能力素质确定。

第八条　试题命制单位应按照命题规范开展试题命制、征集、评审和组配,编制面试题本。

面试题本一般包括面试试题、测评要素、评分参考等内容。

第九条　面试命题人员应当熟悉公务员录用制度和相关政策、命题规范和要求,掌握一定的人才测评理论与技术,具备相应题型的命题能力和水平。

第十条　命题场所应当符合保密工作条件要求。命题时应当使用专用设备,设备和命题素材应由专人保管。

第十一条　面试题本应当在具有国家秘密载体印制资质的单位印制。

第十二条　面试题本应按照统一的规格封装和配发，并严格按照规定的程序和要求进行传递、交接、保管、分发、使用。

第十三条　在面试题本传递、交接、保管、分发、使用过程中，发生失密、泄密以及其他重大异常情况的，应当立即采取有效措施控制事态发展，查清失泄密范围和原因，并向省级以上公务员主管部门报告。

第十四条　面试题本使用完毕，应当及时回收，保存至面试工作结束后，按照国家保密规定进行销毁。

第三章　面试考场管理

第十五条　面试考场应当设置在相对独立、安静、便利的地方，并符合安全管理要求。

面试考场根据需要设置面试室、候考室、备考室、考务办公室等，各区域实行封闭管理。

第十六条　面试期间，禁止在面试考场内使用各种电子、通信、计算、存储等设备，面试组织实施工作必需的相关设备除外。

面试考官、考生和相关面试工作人员应将手机等禁止使用和携带的设备交由指定的工作人员统一保管。

第十七条　面试室应当配备录像或录音设备，对面试过程全程记录。

第四章　面试考官管理

第十八条　面试考官应当具有良好的政治素质，有比较丰富的人事管理、人才测评等方面的经验或具有一定年限的机关工作经历，品行优良，公道正派，自觉遵守法律法规，严守工作纪律，恪守行为规范。

担任面试主考官的，除具备上述条件外，还应当能够讲普通话，口齿清晰，表达流畅。

第十九条　担任面试考官前一般应当参加省级以上公务员主管部门专门培训，培训时间不得少于 16 学时。培训后，经考试考核合格的颁发面试考官资格证书。

第二十条　省级以上公务员主管部门应当对面试考官参加培训情况、面试场次数量和行为表现以及廉洁自律情况等建档登记；对履职情况进行定期评估。评估结果不合格的，不得继续担任面试考官。

第五章　面试工作人员管理

第二十一条　根据面试工作需要，配备计分、计时、核分、引导、技术保障和安全保障等相关工作人员。每个面试室应当配备 1 名监督员。

第二十二条　面试工作人员应当具有良好的政治素质、思想品德和较高的业务能力，能够认真履行职责，遵守有关规定，做到廉洁自律。

第二十三条　面试工作人员应当接受必要的培训,熟悉面试工作要求和流程。

第六章　面试考生管理

第二十四条　面试前,应当对考生提交的有关材料和信息的真实性进行复核。凡有关材料和主要信息不实,影响报考资格审查结果的,按照有关规定取消其面试资格。

第二十五条　面试考生应遵守面试考场纪律,服从面试工作人员管理,诚信参加面试。

第二十六条　考生有权事先获知面试相关要求和注意事项,享有知情权和平等竞争的权利。

第七章　面试实施

第二十七条　面试前应当发布公告。面试公告应当载明面试人员名单、报考职位、面试时间、面试地点、联系方式以及其他须知事项。

第二十八条　面试方法以结构化面试和无领导小组讨论为主,也可以采取其他测评方法。

第二十九条　面试时,应当成立面试考官小组。面试考官小组一般由 7 名考官组成,其中设主考官 1 名。

第三十条　报考同一职位的考生原则上安排在同一考官小组、使用同一套面试题本进行面试。

第三十一条　面试前,应采取考官和考生抽签的办法确定面试室和面试次序。只有 1 个面试考官小组的,考官实行差额抽签确定。

第三十二条　公务员主管部门和招录机关应根据职位特点、面试方法和试题情况,合理确定面试时限,确保能够有效测查考生素质。

第三十三条　面试应当按照规定的程序进行。面试由主考官主持,面试考官按照面试题本要求,依据考生表现进行评分并签字确认。

第三十四条　主考官和面试监督员应对本面试室所有考官履行职责和执行考试纪律情况进行监督,并在评分表上签字确认。面试监督员未到面试现场的,不得进行面试。未经监督员签字认可的,面试成绩无效。

第三十五条　工作人员按照规定的计分方法计算考生的面试成绩,并按规定的时间和方式告知考生。

第八章　安全与保密

第三十六条　公务员主管部门和招录机关应当建立健全面试安全工作制度,加强面试相关材料和信息的管理,确保其安全准确。

第三十七条　面试题本及其相关材料按照国家规定的密级进行管理。

面试组织过程中形成的材料(含数据和音像资料等),由专人建档保管,保存至新录用人员试用期满。

第三十八条　考生个人信息应当受到保护。凡涉及考生个人隐私的信息，应当按有关规定严格控制知晓范围，不得面向社会公布。

第三十九条　面试命题人员、面试考官、面试工作人员、面试考生应当遵守保密规定和要求。

第九章　纪律与监督

第四十条　面试考官、面试工作人员和面试命题人员凡与面试考生有公务员法第七十条所列情形的，应当回避。

第四十一条　对于违反面试纪律的人员，由公务员主管部门、招录机关或其所在单位，按照管理权限和有关规定进行处理。

第四十二条　对未按本办法组织面试的，由省级以上公务员主管部门根据有关规定视情节轻重，予以责令纠正或宣布无效。对于宣布无效的，应当重新组织面试。

第四十三条　公务员主管部门和招录机关应当增加面试工作透明度，主动接受考生和社会监督，及时受理信访、举报。

第十章　附则

第四十四条　参照公务员法管理的机关（单位）除工勤人员以外的工作人员的录用面试工作参照本办法进行。

第四十五条　省级公务员主管部门根据本办法制定本辖区内公务员录用面试工作实施细则。

第四十六条　本办法自发布之日（即 2015 年 11 月 18 日）起施行。

二、结构化面试的基本流程

（一）组织准备程序

（1）考官队伍的组成。结构化面试的考官一般由人才测评专家、组织或人事部门人员、用人单位或本系统内部人员共同构成，通常确定在 5~9 人之间且一般为单数。

（2）考务人员的组成。考务人员主要包括服务人员和监督人员。服务人员包括引导员、计时员、记分员等，其职能是保证考试工作顺利开展；监督人员主要是纪检监察机关的工作人员，其职能是保障考试工作规范进行。

（3）考场的具体布置。一般情况下，面试考试内部的布置情况如图 1.1 所示。

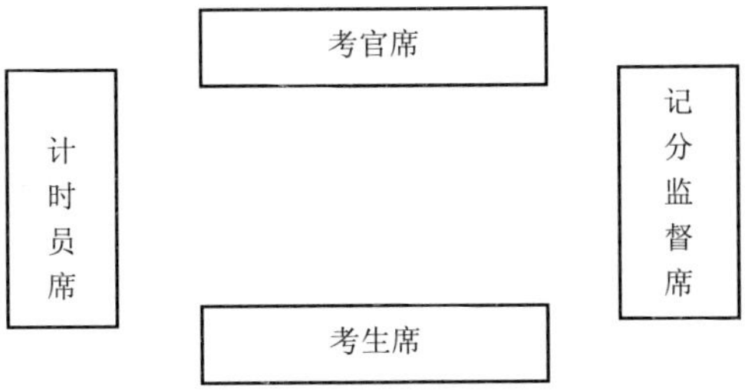

图 1.1 面试考试内部的布置情况

[导师点评] 结构化面试一般有 1 个监督员、1 个计时员、1 个记分员、1 个引导员、5~9 个考官,共计 9~13 人。通常情况下考官坐成一排,考生为单桌且坐着回答问题。

(二)考生考试程序

(1)按时进入考场。考生最好在面试开始前 15 分钟到达,切记不要迟到,否则既可能会被取消面试资格,也可能因紧张严重影响自己的情绪。

(2)随机抽签分组。考生入场后将自己的物品存放好之后,工作人员就会安排进行抽签,确定进入面试的顺序。

(3)候考室里候考。考生抽签结束后,到指定候考室等待面试,在候考过程中考生不得随便离开和大声喧哗。

(4)按序参加考试。按照抽签顺序在引导员的指引下进入考场面试。

(5)候等考试成绩。面试结束后考官会宣布考生退场到指定地点等待分数,退场时不能把考试用的草稿纸带走。

(6)考试程序完结。考官宣读考生分数后,记分员、监督员、考官依次在面试成绩汇总表上签字,整个面试工作结束。

[导师点评] 考生要严格按照工作人员的安排与考试事项说明的规程进行操作,不要主观臆断,否则会出现违规情况,将严重影响考试成绩。特别要提醒考生的是,面试过程可能会比较漫长,考生要有心理准备,切忌心浮气躁,否则会严重影响面试答题效果。

第二章　面试核心部分:题型分析

第一节　求职动机与工作匹配题型

求职动机与工作匹配题型主要测试考生三个方面的基本问题:为什么要考公务员？ 为什么要报考该部门？ 为什么要报考该岗位？因此,考官选拔人才的标准主要是能用(要突出自身的专业优势)、好用(要突出自身的心理素养)和长用(要突出自身的职业规划)。这就要求考生答题时,必须紧紧围绕专业方面(技多不压身,专业是指在专门院校学习的某个领域的知识)、性格方面(性格决定命运,性格是求职者的稳定因素)、实践经历(实践出真知,介绍与应聘岗位相关的实践经验与突出优势)和兴趣特长(兴趣是最好的老师,是喜欢与不喜欢的导向和内在动力)4个方面展开。

测评要点:工作稳定性(是否有长远规划)、能力匹配性(是否符合职位要求)和性格适应性(是否具有包容性)。

在国家机关事业单位面试实践中,求职动机与工作匹配题型主要有个人背景、求职动机和工作态度等类型。

一、个人背景类

(一)适用范围

这类题型具有普遍适用性。虽然绝大多数情况下都不一定会单独命制这种题型,但现在面试中特别强调个性化,只有充分认识自我,才有可能将自己的独特性表现出来。因此,这些问题往往会渗透在其他问题中,需要考生根据实际有选择地使用。

(二)典型样题

你所学的专业是什么？如果录用后从事与专业无关的工作,你怎么办?

(三)导师点评

答题基本思路:基本履历(重点谈毕业学校、所学专业、工作经历)+主要优点(紧扣职位要求,最好结合自身实例阐述)+次要不足(切忌涉及个人主观因素方面的缺点)+努力方向(围绕应聘职位展望个人追求目标)。

（四）导师示范

面试试题：请你简单介绍一下自己。

参考答题思路如下。

尊敬的各位评委，大家好，我叫 ×××，今年 ×× 岁，是一名共产党员，也是一名普通的商行员工。我的职业目标是通过对金融相关问题不断研究，成为具有解决金融实际问题能力的高层次复合型人才。今天能参加竞聘，感谢行党委、行领导提供这样一次展现自我、竞争上岗的宝贵机会，谢谢！

今天我竞聘的岗位是 ×× 市分行公司部副主任，下面我将从以下几个方面谈谈自己具备的优势和所取得的成效。

一是不畏挑战，有多岗锻炼的经历。我加入 ×× 银行虽然只有短短的 7 年，但在多条战线上奋斗过。2015 年分行成立，我加入个人金融部，在工作中勇挑重担、敢于争先，发放了分行第一笔贷款，资产、负债业务均排名前列；2017 年 ×× 支行成立，我主动请缨建设新堡垒，不怕吃苦，撸起袖子加油干，连续 2 年评为支行先进个人；2020 年分行人员调整，我加入了风管部，为分行业务保驾护航，2021 年评为 ×× 市分行先进个人，年度考核评价为良好。我时刻牢记党员身份，爱岗敬业，努力完成了组织交予的各项工作任务。

二是具备一定的沟通协调能力，取得了较好的业绩。我具有较强的服务意识和责任心。在前台工作期间，积极拓展市场，积极对接企事业单位，揽存余额排名前列，办理贷款尽职尽责，截至目前移交贷款均未出现不良；在后台工作期间，积极与业务部门、上级部门、监管部门沟通，逐渐成为桥梁和纽带，去年全年审查信贷业务 300 余笔，其中审查公司信贷业务 20 余笔、审查金额 80 多亿元，取得了领导和同事们的信任。

三是注重业务知识学习，积极参与组织活动。我不是金融科班出身，深知打铁还需自身硬，工作之余我加强学习，丰富专业知识。努力学习并通过了银行从业资格考试和中级经济师考试，前段时间还参加了总行组织的公司客户经理轮训并顺利结业。今年我已经开始对英语、数学、写作等方面知识进行学习，计划明年报考管理类在职研究生，全方位提升自己。我性格开朗乐观，积极参加分行各种活动，加入分行篮球队、合唱团，并时常牵头组织大家活动，我觉得团队活动可以增强大家的凝聚力，团结就是力量、团结才能胜利，这样工作的时候大家也能配合得更好。

最后，我对 ×× 市分行公司部副主任岗位很有期待、也很有信心。习近平总书记在二十大报告中指出，青年强，则国家强。我将不忘初心，怀抱梦想又脚踏实地，敢想敢为又善作善成，做一名有理想、敢担当、能吃苦、肯奋斗的商行好青年，让青春在全面绘就商行宏伟蓝图的火热实践中绽放绚丽之花。

（五）强化训练

该类型题目共提供了 5 道题，供大家进行强化训练，其中第 3 道题由导师作了示范性回答，以备训练参考使用。请大家务必按照所提供的思路列出每道题的回答提纲（控制在3分钟以内），并作具体回答（控制在5分钟以内）。

（1）你有哪些优缺点？它们对你所报考的职位有何影响？

（2）你喜欢在什么样的环境下工作？喜欢和什么样的人打交道？

（3）请你简单介绍一下自己。

（4）你遭受过挫折吗？请谈谈你的感想。

（5）你在团队活动中做得最成功的一件事情是什么？当时是什么情况？你是如何开展工作的？

二、求职动机类

（一）适用范围

主要适用于副省级以上综合管理类公务员招考和事业单位招考面试中。当前，地市级公务员考试面试中很少出现这种题型了。

（二）典型样题

现在的大学生都喜欢选择环境轻松、压力较小、报酬丰厚的职位，你为什么要选择报考公务员呢？

（三）导师点评

答题基本思路：职位的要求（主要阐述自己对所应聘岗位的职责要求的认识）+自我相关介绍（主要陈述自己具有履职所必备的知识、能力与素质）+自信表白（主要表达自己的期望、坚定的信心以及克服不足的勇气）。

（四）导师示范

面试试题：请谈谈你为什么要报考乡镇公务员？

参考答题思路如下。

乡镇是我国最基层的一级政府，是联系群众和服务群众“最近的一公里（千米）”，事关人民群众的获得感、幸福感和安全感以及社会和谐稳定大局，其工作意义重大且极具挑战性。因此，作为新时代的青年，我将义无反顾地选择报考乡镇公务员，主要原因有以下几点。

一是实现就业的需要。在当前就业压力较大的情况下，国家公开公平公正地招考公务员，为我们大学生提供了很好的就业机会，尽管乡镇工作事务繁杂且待遇较低，但工作稳定且社会地位也较高。

二是发挥专长的需要。我在大学学习的是电子商务专业，这个专业非常适合从事乡村振兴工作，能够帮助农民群众搭建平台，实现脱贫致富。

三是挑战自我的需要。乡镇工作的主要内容就是联系群众、深入基层,为群众服务。俗话说,群众利益无小事。因此,乡镇工作头绪多,情况复杂,对我个人的政治素质、业务素质和心理素质等都提出了很高的要求。

四是实现理想的需要。如果能够有幸成为一名乡镇公务员,我一定要多走、多听、多问、多思、多做,严格要求自己,为乡村振兴战略的实现添砖加瓦,实现自己的人生价值。

(五)强化训练

该类型题目共提供了5道题,供大家进行强化训练,其中第3道题由导师作了示范性回答,以备训练参考使用。请大家务必按照所提供的思路列出每道题的回答提纲(控制在3分钟以内),并作具体回答(控制在5分钟以内)。

(1)介绍你的个人情况,你为什么报考这个职位?

(2)有调查显示,为高官厚禄而报考公务员是不少大学生的真实想法,请问你的报考动机是什么?

(3)请谈谈你为什么要报考乡镇公务员?

(4)你所报考的职位的主要职能是什么,你认为自己能胜任吗?

(5)你所学专业与所报职位并不对口,你为什么还要报考这个职位?

三、工作态度类

(一)适用范围

主要适用于副省级以上综合管理类公务员招考和事业单位招考面试中。地市级公务员综合管理类职位的考试和事业单位考试面试中也常出现这种题型。

(二)典型样题

你心目中理想的工作是什么样的?

(三)导师点评

答题基本思路:表态(表明自己的观点)+理由(分层列举自己所具备的优势与潜能)+展望(确立自己的人生发展目标)。

(四)导师示范

面试试题:有人说,优秀的大学生往往选择出国、进外企或大公司,二流大学生才考公务员,结合自己的情况谈谈你的看法。

参考答题思路如下。

首先,我不认同这种看法。无论是出国、进外企或大公司,还是当公务员,只是每个人根据自身情况所作出的一种职业选择而已，没有优劣之分。

其次，我认为当公务员是一项不错的职业选择。尽管现在不少优秀大学生选择出国、进外企或大公司，但还是有更多的优秀大学生选择报考公务员，近年来出现的公务员报考热就是明证。公务员岗位能够为新时代有志青年提供足够的施展才华的平台和广阔的实现人生抱负的舞台。就我而言，立志成为一名公务员，一直是我的职业理想。

再次，我为成为一名公务员作了比较充分的准备。一是政治立场坚定。认真学习党的先进理论，牢固树立以人民为中心的思想理念，已经成长为一名光荣的中共党员；二是专业知识扎实。努力学习专业知识，广泛学习有利于提升公务员职业能力的其他知识，不断增强自己的理论素养；三是注重能力培养。积极参加各种社会活动，不断提升自己的组织策划能力、沟通协调能力和应急应变能力等从事公务员工作必备的基本能力；四是涵养自身性格。公务员日常工作尤其是基层群众工作千头万绪，情况纷繁复杂，没有良好的性格将寸步难行，我在日常学习、生活和工作中，始终坚持真诚待人，踏实做事，不断锤炼良好的性格，为今后处理好各种人际关系打下了坚实的基础。

最后，如果我有幸成为一名公务员，我将不负韶华，不负时代，不负人民，在青春的赛道上奋力奔跑，做一名群众的贴心人，踏踏实实为广大人民群众谋福利。

（五）强化训练

该类型题目共提供了5道题，供大家进行强化训练，其中第3道题由导师作了示范性回答，以备训练参考使用。请大家务必按照所提供的思路列出每道题的回答提纲（控制在3分钟以内），并作具体回答（控制在5分钟以内）。

（1）“人民论坛”有项问卷调查显示，认为自己是“弱势群体”的党政干部受访者达45.1%。对此，你怎么看？你认为如何才能做好一名公务员？

（2）官员被拍到在上班时间打牌，有市民表示官员工作作风至此，实在令人担忧。对此，你有何看法？假如你被录用为公务员之后，你会怎样对待自己的工作？

（3）有人说，优秀的大学生往往选择出国、进外企或大公司，二流大学生才考公务员，结合自己的情况谈谈你的看法。

（4）习近平总书记说过，“当官就不要想发财，想发财就不要去做官”。对此，你怎么看？

（5）一些大学生宁愿在大城市当“蚁族”，甚至“鼠族”，也不愿意到二、三线城市去发展。对此，你怎么看？你为什么还选择报考最基层的乡镇公务员？

第二节　组织协调能力题型

组织协调能力题型主要测试考生的计划、组织与协调能力。这类题型总体答题思路有3个：要有始有终（要注意按照事情发展的时间顺序和逻辑顺序，按照准备、组织、协调、控制、总结的步骤依次进行计划和安排)、要全面考虑(不仅要确定活动的形式和流程,还要将人、财、物、地、时等活动要素考虑到位)、要把自己放在活动情境中去考虑(要凸显该类活动的特点,对答题的详略和侧重要有所区别,抓住重点、表现亮点,杜绝套路化)。

测评要点:信息获取能力(是否具备调研意识与技巧方法)、决策能力(工作目标是否清晰、工作重点是否突出)、计划能力(是否能够合理安排各项工作要素)、执行能力(工作措施是否得力、工作效率是否高效)。

在机关事业单位面试实践中,组织与协调能力题型主要有统计调查、事件调查、宣传教育、学习培训、会议组织、工作检查、评选评比、矛盾化解、走访慰问、统筹安排和接待安排等类型。

一、统计调查类

(一)适用范围

这类题型适用面比较广,主要适用于各级各类公务员考试面试中,尤其适用于审计、统计、调查、经济、人口等单位的招考面试。

(二)典型样题

假如你是民政部门的一名工作人员,单位让你调查某个城市街道辖区内的低收入群体状况,以便确定享受城市最低生活保障人口的名单,你将如何开展工作?

(三)导师点评

答题基本思路如下。①目的意义与原则(宏观大局:全面建成小康社会和扶贫济困传统美德的必然要求;现实依据:精准扶贫与精准施策的现实要求;实事求是:公平公正与客观公开原则)。②前期准备(人力准备:建立小组有领头、开展培训懂政策、划分区域理清方向等;财物准备:编制问卷心不慌、携带资料嘴不乱、带好设备手不闲等;时间准备:事先通知不碰壁、拟定进度不忙乱等)。③具体实施(确定调查对象:代表性与广泛性;选择调查方法与手段:问卷法、访谈法、文献法和实地走访法等;做好调查监督工作:随机抽样核查、个别回访核实,确保调查真实性)。④总结提高(资料收集汇总、形成工作任务书、总结成败得失)。

(四)导师示范

面试试题:民政局要针对敬老院的需求进行一次调研,领导让你负责开展,你准备怎么做?

参考答题思路如下。

敬老爱老是中华民族的传统美德,保障老年人老有所养,老有所居,老有所乐是我们民政部门的神圣职责。领导把这件事交给我,我将从以下几个方面开展调研工作。

首先,做好调查前期准备工作。一是制定调研工作方案,报领导审批后予以实施;二是做好调查的具体分工工作;三是做好问卷设计与相关物资准备工作。

其次,做好调查具体实施工作。主要是从以下几个方面开展调查工作:一是运用文献法。就是到统计等部门查阅有关文献资料,了解辖区内老年人口数量、敬老院开办的数量及分布等情况,为了解敬老院的需求奠定基础;二是运用访谈法。就是到敬老院对有关负责人进行访谈,全面了解敬老院的运行情况,重点把握敬老院对政府支持、资金帮扶、专业人才引进和专业设备使用等方面的需求;三是运用问卷法。就是深入老年人及其家属群体中开展问卷调查,全面了解敬老院的管理与服务等方面的情况。

最后,做好调查总结工作。就是将调查中所收集到的各种文字和图片等资料进行分析、汇总,形成完整的调研报告,供领导决策参考。

(五)强化训练

该类型题目共提供了5道题,供大家进行强化训练,其中第3道题由导师作了示范性回答,以备训练参考使用。请大家务必按照所提供的思路列出每道题的回答提纲(控制在3分钟以内),并作具体回答(控制在5分钟以内)。

(1)领导为了调查全市人民的生活水平,拟开展一次调研,以便今后出台相关政策,你准备如何开展调查工作?

(2)某地为方便没有零钱坐车的乘客,决定设立站点找零,领导派你去调研,你准备怎么办?在调研过程中应该注意调研哪些内容?

(3)民政局要针对敬老院的需求进行一次调研,领导让你负责开展,你准备怎么做?

(4)领导让你到某县去了解当地的社情民意,你准备怎样开展此项工作?

(5)市政府要建设群众信访接待中心,需要了解各地信访工作的落实情况,现在领导派你到各区县、乡镇对各自的信访工作进行调查,你会怎样开展此次调查工作?

二、事件调查类

(一)适用范围

这类题型具有普遍适用性,主要适用于各级各类公务员考试面试中,尤其适用于选调生考试面试。

(二)典型样题

某地发生食品中毒事件。上级指令解决此事,你会怎么办?

(三)导师点评

答题基本思路如下。①诚恳表态(责任重大:人命关天的大事;全力解决:克服困难,排除万难的勇气；政治表态：思想高度重视、及时向上级报告事件进展）。②亲临现场（第一时间赶赴现场、协调相关部门参与、确定应急预案）。③成立工作指挥部（抢救组：将及时抢救生命放在首位；宣传组：及时客观报道事件进展，避免网络谣言泛起；调查组：及时查明事故真相，防止危害蔓延扩大；安抚组：切实做好相关人员的思想抚慰工作，维护正常的工作与社会秩序）。④形成总结报告（事件产生的原因、加强食品安全工作的整改建议）。

（四）导师示范

面试试题：市博物馆免费开放了三年，但前来参观的人很少，这种状况引起了市文广新局领导的关注。你是市文广新局的工作人员，领导让你针对此事进行调研，你会怎么做？

参考答题思路如下。

博物馆是文化的宝库和人类智慧的结晶。市博物馆的免费开放不仅能够为广大市民提供文化娱乐活动，也有利于传承地域特色文化。针对参观人数较少的情况，我将从以下几个方面开展调研工作。

首先，做好调查前期准备工作。一是制定调研工作方案，报领导审批后予以实施；二是做好调查的具体分工工作；三是做好问卷设计与相关物资准备工作。

其次，做好调查具体实施工作。主要是从以下几个方面开展调查工作。一是运用文献法。就是到局里档案室查阅有关文献资料，了解博物馆的基本情况，包括博物馆所处的位置、馆区面积及配套设施、馆藏资源、运营管理等，为后期开展具体调研工作奠定基础。二是运用问卷法。就是通过线上和线下相结合的方式在广大市民中开展问卷调查，全面了解市民不愿意到博物馆参观的原因。三是运用实地走访法。就是以一名普通市民的身份，前往博物馆进行参观，亲身体验参观过程，首先从市中心出发，乘坐公交车，看交通是否便利，到达后看馆区的服务设施是否完善，如是否有餐饮、停车场等；其次是感受参观过程是否顺心如意，如博物馆开放时间是否合理、工作人员服务态度如何等；最后是看馆藏资源的具体情况，包括馆藏数量、质量以及讲解员的水平等。

最后，做好调查总结工作。就是将调查中所收集到的各种文字和图片等资料进行分析、汇总，形成完整的调研报告，供领导决策参考。

（五）强化训练

该类型题目共提供了 5 道题，供大家进行强化训练，其中第 3 道题由导师作了示范性回答，以备训练参考使用。请大家务必按照所提供的思路列出每道题的回答提纲（控制在 3 分钟以内），并作具体回答（控制在 5 分钟以内）。

（1）有群众反映你所在部门有违规乱收费的现象，领导让你去调查，你打算如何调查？

（2）政府在开展一个关于政府工作作风的评议活动，现在需要对群众在评议活动中所反映的情况进行调研，领导把这个任务交给你，你会怎么做？

（3）市博物馆免费开放了三年，但前来参观的人很少，这种状况引起了市文广新局领导的关注。你是市文广新局的工作人员，领导让你针对此事进行调研，你会怎么做？

（4）有群众反映有一家企业骗取扶贫资金，假如你是扶贫移民局的一名工作人员，领导派你去调查，你会怎么做？

（5）有群众举报某建筑工地建筑材料乱摆乱放，垃圾也随地乱扔，作为一名城管执法人员，领导让你去调查此事，你将如何开展？

三、宣传教育类

（一）适用范围

这类题型具有普遍适用性，既适用于各级各类公务员考试，也适用于事业单位考试。

（二）典型样题

单位要举办一次“绿色环保宣传周”活动，领导委托你来组织，你准备如何开展宣传工作？

（三）导师点评

答题基本思路如下。①目的意义（围绕宣传主题与宣传对象概括性地谈）。②制定宣传工作方案（主要包括必要性、主题、内容、地点、时间、人员、经费、方法、形式、步骤、措施、要求等方面的内容）。③组织实施（主要包括明确宣传方式、落实宣传任务、明确责任分工、做好协调指导等方面的内容）。④总结提高（主要包括认真总结、肯定成绩、找出差距、写好总结、报送领导、提高自身等方面的内容）。

（四）导师示范

面试试题：作为一名大学生村官，你如何开展一个本村有机农产品的宣传活动？

参考答题思路如下。

大学生村官发挥着联系市场与农村的重要纽带作用，做好本村有机农产品的宣传推广工作，是大学生村官的神圣职责。我认为重点是要在宣传内容和宣传方式两个方面下功夫。

首先，要确保有机农产品的宣传内容丰富而新颖。一是可以宣传有机农产品的主要优势，包括品质优良无污染、营养价值丰富、利于储存、保鲜效果好等，提高消费者对产品的认知度。二是可以以文字、图片和视频等形式呈现有机农产品的优势，增强消费者对产品的关注度。

其次，要确保有机农产品的宣传方式多样而灵活。一是可以采用线上方式进行宣传。主要是通过微信、微博和微视频等方式进行宣传。二是可以采用线下方式进行宣传。主要是灵活采用举办展销活动、发放宣传手册、LED显示屏播放等方式进行宣传。如举办农产品展销活动时，可以邀请农业专家讲解有机农产品的主要优势，可以发放产品宣传册子，也可以和商家以及消费者之间开展互惠互利的营销活动。

最后，我将认真总结此次有机农产品宣传工作中的得与失，提高自身营销能力，为农民拓展市场和增加收入保驾护航，也为今后开展类似工作提供有益借鉴。

（五）强化训练

该类型题目共提供了5道题，供大家进行强化训练，其中第3道题由导师作了示范性回答，以备训练参考使用。请大家务必按照所提供的思路列出每道题的回答提纲（控制在3分钟以内），并作具体回答（控制在5分钟以内）。

（1）为了进行防震知识的宣传活动，假如你是一名街道办工作人员，你打算如何开展宣传工作？

（2）每到秋冬季节，不少地方的村民都有燃烧秸秆的习惯，给当地的环境造成了严重的污染，为了改变这种状况，领导让你针对村民开展一次以"禁止燃烧秸秆，保护蓝天碧水"为主题的宣传活动，假如你是一名乡镇工作人员，你打算如何开展宣传工作？

（3）作为一名大学生村官，你如何开展一个本村有机农产品的宣传活动？

（4）有公司推出新型高质量种子，为了提高当地农民的粮食产量，政府决定推广这种种子。假如你是政府工作人员，领导让你负责做好前期的宣传工作，你将如何去做？

（5）假如你是商务局的一名工作人员，你单位要举办一个"老字号"历程展，宣扬其中蕴含的红色基因。如果这项工作由你负责，你怎么组织？

四、学习培训类

（一）适用范围

这类题型具有普遍适用性，既适用于各级各类公务员考试，也适用于事业单位考试。

（二）典型样题

领导委托你对新参加工作的公务员组织一次以《公务员法》为主要内容的培训，你准备怎么组织？

（三）导师点评

答题基本思路如下。①目的意义（围绕学习培训内容与对象概括性地谈）。②制定学习培训方案（主要包括必要性、主题、内容、地点、时间、人员、经费、方法、形式、步骤、措施、要求等方面的内容）。③组织实施（主要包括召开会议、落实任务、明确分工、拟发通知、检查督促、协调指导等方面的内容）。④总结提高（主要包括认真总结、肯定成绩、找出差距、写好总结、报送领导、提高自身等方面的内容）。

(四)导师示范

面试试题:单位准备组织党史学习教育,领导让你负责组织,你准备怎么开展工作?

参考答题思路如下。

党史学习教育是牢记初心使命、推进中华民族伟大复兴历史伟业的必然要求,是坚定信仰信念、在新时代坚持和发展中国特色社会主义的必然要求,是推进党的自我革命、永葆党的生机活力的必然要求。领导让我负责此次学习活动,我将从以下几个方面开展工作。

首先,做好学习前的准备工作。一是制定学习工作方案,报领导审批后予以实施;二是在学习安排中重点做到学习与单位工作“两不误两促进”。

其次,做好学习过程中的具体实施工作。一是邀请单位主要领导讲话。重点是讲明党史学习教育的必要性和重要性,并对学习提出具体明确的要求;二是邀请专家开展专题讲座。重点是讲明中国共产党领导中国人民历经新民主主义革命、社会主义革命和建设、改革开放和社会主义现代化建设和中国特色社会主义新时代四个重大历史阶段的历史任务及丰功伟绩,从而更加坚定我们的理想信念;三是邀请优秀党员代表作典型发言。重点是讲述他们是如何坚定理想信念,立足本职工作,在平凡的工作岗位作出不平凡的业绩;四是开展交流讨论。主要是按照部门进行分组讨论,交流学习心得体会,提高自身认识水平。

最后,做好学习的总结工作。一是学习结束后,在单位内部开展一次党史知识竞赛活动,并将竞赛结果作为个人年度考核的重要依据;二是对学习中所收集到的文字和图片等资料进行分析汇总,形成学习工作简报,经领导审批后进行新闻报送。

(五)强化训练

该类型题目共提供了5道题,供大家进行强化训练,其中第3道题由导师作了示范性回答,以备训练参考使用。请大家务必按照所提供的思路列出每道题的回答提纲(控制在3分钟以内),并作具体回答(控制在5分钟以内)。

(1)习近平总书记对全体党员尤其是领导干部提出了“三严三实”要求,单位要组织学习,领导让你组织这次活动,你如何组织?

(2)警察部门要开展110接警处置规范的实施工作,你作为负责人,要想让每一个民警都能够学习到这项规范,你应该怎么实施?

(3)单位准备组织党史学习教育,领导让你负责组织,你准备怎么开展工作?

(4)针对垃圾分类,你单位决定组织一次普及垃圾分类常识的讲座。如果这个活动由你来负责,你会如何组织?

(5)为了提高工作效率,领导让你组织自动化培训班,你会如何组织?

五、会议组织类

(一)适用范围

这类题型具有普遍适用性,既适用于各级各类公务员考试,也适用于事业单位考试。

(二)典型样题

领导让你组织一次会议,你会怎么做?

(三)导师点评

答题基本思路如下。①目的意义和任务(紧密结合会议主题和主要议题谈)。②制订会议计划方案(主要包括会议举行的地点、会议的起止时间、通知参与会议人员、会议经费预算、会议相关材料准备等方面的内容)。③会议方案报批(主要包括多方修改、领导审阅、确定方案等方面的内容)。④会议保障措施(主要包括布置会场,贴好标语与横幅,安排座位,落实车辆、食宿、安全措施等方面的内容)。⑤组织实施(主要包括明确会议的议程,确定会议主持人、发言人,按计划方案实施等方面的内容)。⑥会议总结(主要包括撰写会议总结、会议的新闻报送、分发会议纪要、监督落实会议精神等方面的内容)。

(四)导师示范

面试试题:你单位要举办一次系统内部的会议,会有各省市的单位、企业代表和其他相关单位参加,你打算如何组织?

参考答题思路如下。

举办一次系统内部的大型会议,不仅有利于提高单位的工作质量,也有利于提升所在城市的形象。因此,我一定以高度的责任感,精心组织好此次会议,具体来说,我将从以下几个方面开展工作。

首先,做好会议前的准备工作。一是制定会议工作方案,报领导审批后,以通知或邀请函的方式发送给各参会单位和个人;二是做好会议的食宿、车辆、接待和物资等后勤保障工作。

其次,做好会议过程中的具体实施工作。一是邀请地方和行业主要领导讲话。先由地方领导致辞,主要是表达欢迎之情和介绍本地特色和经济社会发展情况,然后由行业领导发言,主要是讲明召开此次系统内部会议的必要性和重要性。二是邀请专家开展专题讲座。重点是讲授本系统工作中遇到的理论瓶颈问题、国内外发展动态、国家最新的政策法规等事关本系统高质量发展的重大理论和现实问题。三是邀请系统内部先进典型发言。重点是讲述他们是如何在危机中育新机,于变局中开新局,坚持创新发展,不断开拓单位工作新局面的。四是开展交流讨论。主要是按照区域进行分组讨论,交流学习心得体会,总结典型的先进经验。

最后,做好会议后的总结工作。一是将会议的各项议程和各种文字与图片资料汇编成册,反馈给各参会单位和人员;二是对会议中所收集到的文字和图片等资料进行分析汇总,形成会议简报,经领导审批后进行新闻报送。

(五)强化训练

该类型题目共提供了5道题,供大家进行强化训练,其中第3道题由导师作了示范性回答,以备训练参考使用。请大家务必按照所提供的思路列出每道题的回答提纲(控制在3分钟以内),并作具体回答(控制在5分钟以内)。

(1)为了贯彻学习二十大精神,现要在本单位组织一次学习座谈会,如果你是活动负责人,你将如何组织?

(2)单位要召开一次关于环境管理质量的专题座谈交流会,领导让你组织,你会怎么组织?

(3)你单位要举办一次系统内部的会议,会有各省市的单位、企业代表和其他相关单位参加,你要如何组织?

(4)单位要举办一次群众路线教育实践活动座谈会,主要对象是青年干部,领导让你组织,你会怎么做?

(5)市里准备举办一个社区示范单位经验交流会,领导安排由你来筹备会议,你准备做哪些工作?

六、工作检查类

(一)适用范围

这类题型具有一定的普遍适用性,尤其适用于综合管理职位公务员考试。

(二)典型样题

单位准备下基层检查工作,领导让你安排,你打算怎样做?

(三)导师点评

答题基本思路如下。①背景意义(背景主要谈形势比较严峻、任务比较艰巨、问题比较突出等内容,意义主要谈有利于维护、有利于保证、有利于促进、有利于实现等内容)。②前期准备(主要包括围绕主题设计好检查的主要内容、各项内容的注意事项与要达成的目标、提前联系或知照有关单位、做好工作检查前的衔接与配合等方面的内容)。③具体实施(主要包括听取单位工作汇报、检查相关档案资料、深入实际进行调查了解、突出工作重点、做好车辆安排等后勤保障工作等方面的内容)。④总结提高(主要包括做好文字与图片资料收集整理、撰写完整的检查工作报告并及时向领导汇报、分析此次检查工作中存在的问题与整改方向等方面的内容）。

（四）导师示范

面试试题：假如你是县安全生产监督管理局的一名工作人员，你单位准备组织一次全县范围内的安全生产大检查，领导让你安排，你会怎么做？

参考答题思路如下。

安全生产大于天，确保人民群众的生产生活安全是我们义不容辞的神圣职责。因此，我将秉持人民至上和生命至上的理念，精心做好此次安全生产大检查工作。

首先，要做好工作检查前的各项准备工作。一是拟定好安全生产工作检查方案，报领导审批后，以通知形式下发给全县各受检单位；二是要联系县里的市场、环保、交通、消防、卫生和宣传等部门，召开工作协调会，组成联合工作组，并做好具体分工工作；三是要做好车辆安排、设备携带、宣传报道等各项后勤保障工作。

其次，要组织实施好各项具体检查工作。一是听，就是听取受检单位领导的工作汇报。主要包括本单位在安全生产工作方面的基本情况、采取的主要措施、所取得的成绩、面临的突出问题以及今后的改进建议等。二是查，就是查阅与安全生产相关的各种档案资料。主要包括单位内部领导班子的建立与责任分工情况、单位内部关于安全生产方面的专题会议召开和安全生产知识专题学习情况、领导班子深入生产一线开展安全生产检查记录情况等。三是看，就是到安全生产重点单位的工作现场查看安全生产具体情况。主要包括查看安全生产设施设备是否符合安全标准、生产一线员工的操作规程是否符合安全生产规范等。

最后，我将做好此次安全生产大检查的总结工作。一是对安全生产大检查中所获得的各种信息和资料进行收集整理，形成完整的安全生产检查工作报告，供领导决策参考；二是对此次安全生产大检查过程中的有关活动和图片进行分析汇总，形成工作简报，经领导审批后进行新闻报送。

（五）强化训练

该类型题目共提供了 5 道题，供大家进行强化训练，其中第 3 道题由导师作了示范性回答，以备训练参考使用。请大家务必按照所提供的思路列出每道题的回答提纲（控制在 3 分钟以内），并作具体回答（控制在 5 分钟以内）。

（1）市里准备选择某个县某个贫困村开展一次精准扶贫工作检查，领导让你拟写一份工作检查提纲，你认为应该将检查的重点放在哪些方面？

（2）假如你是县城管执法大队的一名工作人员，县里准备组织一次食品安全工作大检查，领导让你协助卫生、质检、工商等部门开展工作，你会如何做？

（3）假如你是县安全生产监督管理局的一名工作人员，你单位准备组织一次全县范围内的安全生产大检查，领导让你安排，你会怎么做？

(4)由于环境保护部门实行了垂直管理新模式,市环保局决定对全市重点骨干企业的环保情况开展一次排查活动,领导安排你具体组织,你怎么做?

(5)市里决定对扶贫资金使用情况开展一次专项检查,领导让你安排,你会怎么做?

七、评选评比类

(一)适用范围

这类题型具有一定的普遍适用性,尤其适用于综合管理职位公务员考试。

(二)典型样题

你们社区要组织评选10个公益模范,假如你是社区的负责人,你准备怎么组织?

(三)导师点评

答题基本思路如下。①目的意义和原则(围绕主题从宏观与微观两个层面谈目的意义、坚持公开平等竞争择优原则)。②前期准备(主要包括人力准备:成立具有权威性与代表性的评选委员会、对照条件初步筛选出一定数量的参评对象;制度准备:根据上级精神和规定制定包括参评人员的条件、评选程序、评选办法、纪律监督、奖励标准等内容在内的评选相关制度;程序准备:制定评选方案广泛征求意见、报送上级部门审核)。③组织实施(主要包括广泛宣传动员、参选人员资格审查、评选过程与相关环节公示公开、矛盾纠纷及时协调等方面的内容)。④工作总结(主要包括评选资料清理归档、整理当选人员名册并组织表彰、收集评选中存在的问题、形成完整的评选工作报告等方面的内容)。

(四)导师示范

面试试题:市文明办打算在全市评选出10名道德模范,领导让你来负责此项工作,你如何开展评选活动?

参考答题思路如下。

评选道德模范,对于加强社会公德、职业道德、家庭美德和个人品德建设,弘扬社会主义核心价值观,构建社会主义和谐社会具有重要意义。我将秉持公平公正公开原则,做好此次评选工作。

首先,做好评选前期准备工作。一是成立评选工作领导小组。由市文明办牵头,联合市委宣传部、市妇联和市总工会等部门,建立具有权威性和代表性的道德模范评选委员会,具体指导此次评选工作;二是制定评选工作方案。重点是明确道德模范的评选条件、评选基本程序以及名额分配工作。

其次,做好评选的具体实施工作。一是做好宣传与报名工作。通过线上和线下相结合的方式广泛开展宣传,并组织好报名工作。二是做好资格审查工作。比照评选条件对报名对象的资格进行严格审查,确保评选工作公平公正进行。三是做好模范事迹展示工作。通过线下制作图片集中展示、组织现场演讲等多种形式和线上举办网络投票等方式对候选人的模范事迹进行充分展示,广泛征求社会各界的意见。四是做好评选结果的公示工作。通过线上线下主流媒体对评选结果进行公示,接受社会各界的监督,并及时回应社会的关切。五是做好道德模范的表彰工作。通过举办表彰会的方式,对当选的道德模范进行表彰,充分发挥评选工作的作用。

最后,做好评选的总结工作。一是撰写评选工作报告;二是撰写工作简报,经领导审批后,进行新闻报送;三是做好评选资料的归档工作;四是总结评选工作的得失。

(五)强化训练

该类型题目共提供了5道题,供大家进行强化训练,其中第3道题由导师作了示范性回答,以备训练参考使用。请大家务必按照所提供的思路列出每道题的回答提纲(控制在3分钟以内),并作具体回答(控制在5分钟以内)。

(1)你是公交公司的负责人,现在要举办一个最美售票员的评选活动,由你负责,你怎么组织?

(2)根据各企业在员工福利保障方面的做法,评选出十五家优秀企业进行表彰。若你是组织人员,你认为此工作的重点是什么?

(3)市文明办打算在全市评选出10名道德模范,领导让你来负责此项工作,你如何开展评选活动?

(4)单位准备组织评选出年度“最美家庭”,领导让你来负责此项工作,你如何开展评选活动?

(5)单位准备在每个职能部门中评选出一名业务能力最强的员工作为“示范岗”,领导让你来负责此项工作,你如何开展评选活动?

八、矛盾化解类

(一)适用范围

这类题型具有一定的普遍适用性,尤其适用于行政执法类公务员考试面试。

(二)典型样题

社区舞蹈队要参加广场舞比赛,作为舞蹈队队长,你正在组织大家在小区进行排练。此时,小区居民前来阻挠,说影响了他们的正常生活,面对这种情况,你该怎么办?

(三)导师点评

答题基本思路如下。①控制事态为上(主要包括表明身份:获得与对方沟通的资格;平息事态:暂停排练;真诚道歉:影响居民生活等几个环节)。②化解矛盾为要(主要包括与对方沟通查找原因:可以设定为排练时间不合适、排练音量过大、排练影响正常通行等;与对方商定解决问题的办法:规划合理时间、控制音量、选择合适区域等;依托代表小区参加比赛的工作任务真诚寻求对方的理解与支持等方面的内容)。③总结提升为本(主要是要通过换位思考、提前沟通、科学规划等方面内容的阐述,最终达成关于形成科学的矛盾处理机制和建立群众利益平衡机制的深刻认识,从而有效提升解决群众矛盾问题的能力)。

(四)导师示范

面试试题:最近,某城市道路施工需要封闭路段,有家餐馆老板认为封路影响其生意,便找人闹事阻碍施工,还要打砸机械设备。你作为项目负责人,如何处理此事?

参考答题思路如下。

加快城市道路建设,对于改善城市交通压力,缓解城市居民环境拥挤现状,提高城市居民的获得感、幸福感和安全感,具有十分重要的意义。作为城市道路建设项目的负责人,我将妥善处理施工过程中遇到的矛盾纠纷问题,确保工程高质量如期完工。

首先,我要全面了解基本情况。主要是通过查阅档案资料和深入施工现场,全面了解施工情况、餐馆情况以及施工对餐馆造成的影响情况等,为实事求是、客观理性解决矛盾纠纷奠定基础。

其次,就是善于做好具体调解工作。一是表明身份。主要是让他相信我有资格和能力来处理此次纠纷问题。二是真诚道歉。主要是针对此次施工在客观上给餐馆生意造成的经济损失和不利影响真诚地表达歉意。三是认真倾听。主要是倾听餐馆老板陈述施工给其生意造成了哪些不利影响,对施工不满意主要体现在哪些方面,同时认真做好记录工作。四是讲明政策。主要是向餐馆老板讲明此次施工工作的紧迫性以及重要意义,重点讲述如期完工对餐馆今后发展的好处,同时,也应如实向其表明,干扰正常施工可能会面临的严重不利后果。五是共商对策。主要包括调整施工时间与控制施工噪声,将施工对餐馆生意的影响降到最低;可以在政策允许的范围内为其争取一定的税收优惠或房租减免;可以为其餐馆作必要的宣传,如帮助其打出“施工期间,正常营业”的标语;也可以尽量考虑将施工队员工的工作餐确定在该餐馆,增加其营业收入。

最后,善于做好事后总结工作。我将本着群众利益无小事的理念,认真总结此次矛盾化解工作中的经验与教训,以期为今后开展类似工作提供有益的借鉴。

(五)强化训练

该类型题目共提供了5道题,供大家进行强化训练,其中第3道题由导师作了示范性回答,以备训练参考使用。请大家务必按照所提供的思路列出每道题的回答提纲(控制在3分钟以内),并作具体回答(控制在5分钟以内)。

(1)某社区的小商贩自发形成了一个菜市场,有群众举报该菜市场影响了市容和交通,但有专家认为他们是弱势群体，应该多关怀和帮助，你作为城管人员该怎么做？

（2）由于某地菜市场整修，需要菜市场的小贩们到临时摊点去，但是小贩们不愿意去，导致施工车辆拥堵在路口，你是政府工作人员，领导派你去处理此事，你要怎么办？

（3）最近，某城市道路施工需要封闭路段，有家餐馆老板认为封路影响其生意，便找人闹事阻碍施工，还要打砸机械设备。你作为项目负责人，如何处理此事？

（4）工程夜间施工，给附近居民带来了很大的困扰。作为工程夜间施工负责人，你应该怎样做好与附近居民的协调工作？

（5）某市进行城市规划建设，对城区内主干道拓宽改造，要对道路两旁几十棵大树进行砍伐，引起市民强烈反对，因此在砍伐现场，有群众情绪激动、出面阻拦，现场群众越聚越多，阻碍了交通。如果你是现场工作人员，你会怎么办？

九、走访慰问类

（一）适用范围

这类题型具有一定普遍适用性，尤其适用于地市级综合管理类公务员和事业单位考试。

（二）典型样题

假如你工作的地方发生了百年不遇的大洪灾，领导让你到灾区去慰问受灾群众，你会怎么办？

（三）导师点评

答题基本思路如下。①慰问的意义（围绕主旨和当前的主题教育来谈）。②前期准备（主要包括联系灾区政府：了解物质与精神方面的客观需求；做好慰问方案：涉及慰问时间、慰问地点、慰问人员、慰问物品、慰问方式和经费预算等，报送领导审批；成立慰问工作组：采购慰问物资以及途中所需要物资、通知参加慰问的人员、联系到灾区的车辆并确定出发路线与时间、联系媒体客观报道等多方面的内容）。③实施阶段（主要包括做好慰问品的交接工作、实地走访灾民、做好灾情方面的文字与图片记录等方面的内容）。④总结工作（主要包括梳理问题、形成总结材料、及时向领导汇报、按照要求进行宣传报道等方面的内容）。

（四）导师示范

面试试题：机关在春节前要开展一次干部下乡去农村慰问困难群众活动，领导让你负责此事，你怎么做？

参考答题思路如下。

走访慰问活动，体现了党和政府对困难群众的殷切关怀，对切实加强党的作风建设，密切党和群众的联系，增强党组织的凝聚力、号召力，建设社会主义和谐社会，具有十分重要的意义。我将从以下几个方面做好此次慰问工作。

首先,就是要做好慰问前的准备工作。一是制定具体可行的慰问工作方案,保证整个慰问工作有序展开。二是做好慰问双方的对接工作。就是提前做好机关干部与困难群众之间的联络工作。三是做好慰问的后勤保障工作。主要是准备好慰问金与慰问品以及车辆安排等工作。

其次,就是要做好慰问的具体实施工作。一是听,就是认真听取困难群众在生产和生活中存在的困难与问题。二是讲,就是向困难群众讲解当前党和国家的好政策,尤其是专门针对社会弱势群体的一系列优惠政策,增强他们的脱困信心。三是看,就是深入困难群众的生产生活一线去查看一下实际情况,如可以揭开锅盖看一下他们吃得怎样,掀开铺盖看一下他们睡得保暖吗?也可以到田间地头看一下他们的庄稼长势如何?鱼塘养殖情况如何?等等。四是送,就是要将事先准备好的慰问金和慰问品送到困难群众手中,主要是表达党和政府的关怀之情,解决他们生活的燃眉之急。五是帮,就是进行现场办公,当场根据具体情况(主要围绕资金筹措、技术服务和产品销售等方面展开)制定相应的帮扶工作方案,提高困难群众的脱困能力。

最后,做好慰问后的总结工作。一是将慰问工作中所收集到的文字、图片等资料分析汇总,形成工作简报,经领导审批后,进行新闻报送;二是总结此次慰问工作中的得与失,不断提升自己的组织协调能力,以便为今后开展此类工作提供有益借鉴。

(五)强化训练

该类型题目共提供了5道题,供大家进行强化训练,其中第3道题由导师作了示范性回答,以备训练参考使用。请大家务必按照所提供的思路列出每道题的回答提纲(控制在3分钟以内),并作具体回答(控制在5分钟以内)。

(1)领导安排你深入走访当地农民,以提高农民的环保意识,你怎么做?

(2)领导安排你深入走访单位所帮扶的贫困户,你怎么做?

(3)机关在春节前要开展一次干部下乡去农村慰问困难群众活动,领导让你负责此事,你怎么做?

(4)适值7月1日中国共产党成立之日,你所在单位要举办一次慰问离退休老党员的活动,领导让你负责此事,你怎么做?

(5)假如你是一名政府机关工作人员,领导决定让你安排一次对武警同志的慰问活动,你怎么做?

十、统筹安排类

(一)适用范围

这类题型具有普遍适用性,主要侧重于选调生考试与副省级以上综合管理类公务员考试面试中。

（二）典型样题

你下午要参加论文答辩，突然有个老乡生病需要你送钱去，班主任又临时通知你去参加同学座谈会。假若你遇到这种情况，你怎么处理？

（三）导师点评

答题基本思路如下。①表明态度（生活与工作中均难免会遇到纷繁复杂的局面，是对自身服务意识与工作能力的考验）。②具体分析与合理安排（一个关键：善于设置不同情形进行有效沟通；两个维度：重要性与紧迫性；三个优先：公事优先、急事优先、固定时间的事情优先；四个顺序：重要且紧迫 > 重要不紧迫 > 紧迫不重要 > 不紧迫不重要）。③个人体会（立足本职、克服个人困难、成就组织或他人）。

（四）导师示范

面试试题：你到机场去接你的朋友，途中领导打电话给你，说单位有事情，让你赶快回单位，对此你会怎么办？

参考答题思路如下。

遇到这样的情况，我会作出如下处理。

首先，要恪守工作至上理念。作为一名公务员，无论遇到什么情况都不能忽视自己的本职工作，当然，朋友之间的友谊也是不能偏废的。

其次，要善于具体问题具体分析。如果单位的事情并不紧急，不要求马上完成，那我完全可以给领导讲清原因，说明情况，先去机场接朋友，妥善安置后再回单位加班完成工作任务；如果单位事情紧急，但并不是非我不可，我可以向领导说明情况，经领导同意后，委托同事帮忙完成工作；如果工作任务紧急，而且非我莫属，那我必须以工作为重，可以打电话向朋友解释，同时安排自己的家人或同事前往机场接待朋友。

总之，无论是在工作和生活中遇到什么问题，我们都要秉承工作第一的思想，想方设法克服个人困难，成就组织或他人。

（五）强化训练

该类型题目共提供了 5 道题，供大家进行强化训练，其中第 3 道题由导师作了示范性回答，以备训练参考使用。请大家务必按照所提供的思路列出每道题的回答提纲（控制在 3 分钟以内），并作具体回答（控制在 5 分钟以内）。

（1）李某是你的同事，星期六约你帮助他学习电脑，张某是你单位的副处长，星期六约你吃饭。你将如何选择？

（2）领导上午交给你一项工作，你已经觉得很困难了，但下午又布置给你一项任务，你怎么办?

(3)你到机场去接你的朋友,途中领导打电话给你,说单位有事情,让你赶快回单位,对此你会怎么办?

(4)领导给你一个报告让你写,你又有接待的任务,又有人来投诉,三个任务很紧急,你会怎么办?

(5)你是某区委宣传部的干事,今天有四项工作需要完成:①当地电视台上午10点派人到单位与你协商城市宣传片策划工作;②撰写本部门季度总结报告,下午4点之前交给领导审阅;③上午接到通知,下午2:30参加单位组织的节假日安全检查工作部署会议;④上午领导安排你写一篇会议发言稿,必须中午之前交给领导审阅,领导下午开会就用。请问,你如何安排?

十一、接待安排类

(一)适用范围

这类题型具有一定普遍适用性,主要侧重于地市级以下综合管理类公务员考试面试中。

(二)典型样题

我市的××大学是全国名校,今年恰逢百年校庆。教育局很重视,特意安排你协助学校领导进行活动安排,而且现在知道有50个中国港澳地区校友会参加活动,请问你将如何接待?

(三)导师点评

答题基本思路如下。①阐明接待重要意义(主要根据接待对象和类别尽量从宏观即社会全局和微观即单位自身两个角度贴近实际分析)。②事先制订合理计划(顺应思路找准方向:接待前的准备、接待中的注意事项和接待后的总结)。③接待来宾和信访接待各有侧重(关键在于把握要点阐述分明,接待来宾要做到:计划周密、礼节到位、服务周到;信访接待要做到:热情接待、如实记录、认真处理、及时反馈)。④总结表态。

(四)导师示范

面试试题:上级部门领导去你单位视察,领导安排你来接待,你准备怎么做?

参考答题思路如下。

上级部门领导到我们单位视察工作,对于提高单位工作质量和提升单位形象至关重要。领导安排我来接待,我将本着单位利益至上和服务质量至上理念,精心做好此次接待工作。

首先,要做好接待前的各项准备工作。一是拟定好接待工作方案,报领导审批后予以具体实施;二是要及时联系上级部门,了解其主要工作内容,组织单位内部参与部门召开工作协调会，并做好具体分工工作；三是要做好车辆安排、食宿安排、宣传报道等各项后勤保障工作。

其次，要组织实施好接待的各项具体工作。一是讲，就是安排单位主要领导向上级部门领导一行进行工作汇报。主要汇报本单位在上级部门领导分管事项方面的基本情况、采取的主要措施、所取得的成绩、面临的突出问题以及今后的改进建议等。二是查，就是安排相关工作人员准备好各种档案资料，以备上级部门领导进行查阅。主要包括上级部门领导分管事项方面的领导班子的专业分工情况、专题会议召开情况、专题学习情况、专项检查情况等。三是看，就是安排上级部门领导一行到单位的工作现场查看工作具体情况。主要包括查看生产设施设备是否符合标准、工作一线的员工的操作规程是否符合工作规范等。

最后，我将做好此次接待任务的总结工作。一是对上级部门领导检查中所获得的各种信息和资料进行收集整理，形成完整的接待工作报告，供领导决策参考；二是对此次接待过程中的有关活动和图片进行分析汇总，形成工作简报，经领导审批后进行新闻报送。

（五）强化训练

该类型题目共提供了5道题，供大家进行强化训练，其中第3道题由导师作了示范性回答，以备训练参考使用。请大家务必按照所提供的思路列出每道题的回答提纲（控制在3分钟以内），并作具体回答（控制在5分钟以内）。

（1）中央八项规定不允许高标准接待客人，现在来了一批外宾，领导要求你一定要接待好，你怎么接待？

（2）有30名地震灾区的儿童到你的学校交流一周，你作为学校的行政人员，要怎么接待他们？请回答具体的行程方案。

（3）上级部门领导去你单位视察，领导安排你来接待，你准备怎么做？

（4）中央政策要求不允许越级上访，假如你是市信访办工作人员，某一基层群众来上访，你该怎么办？

（5）蒋大爷70多岁了，却因儿子多病、女儿外嫁邻村而没有人来赡养，为此蒋大爷多次到镇民政办上访，领导安排你处理此事，你会怎么办？

第三节　应变沟通能力题型

应变沟通能力题型主要测试考生是否具备良好的人际关系，是否善于在复杂局面中妥善解决问题。因此，考生在回答这类题型时，一是要注意心理的稳定性，迅速分析情况，积极思考相应对策，提出恰当的措施；二是要注意身份定位，身临其境，将自己置身于题中设定的情境中；三是要扩宽思维，多提对策，一个突发事情往往不止一个解决办法，考生应针对不同假设情况作出相应对策，并权衡利弊选择实施，最终将事件顺利解决。

测评要点：情绪稳定性（遭遇挫折或压力时情绪是否稳定、思维是否清晰）、应急能力

(能否区分事物的轻重缓急,考虑是否全面,处理是否有序)、应变能力(是否能够始终坚持目标不动摇,是否能够主动应对,是否能够考虑各种可能出现的情况并进行有效应对)、人际沟通能力(是否具有同理心,是否具有团队意识与合作精神)。

在机关事业单位面试实践中,应变沟通能力题型主要有沟通协调、人际沟通、两难选择、应急应变、突发事件、劝说劝导等类型。

一、沟通协调类

(一)适用范围

这类题型具有广泛的适用性,既适合于各级各类公务员考试,也适用于事业单位考试。

(二)典型样题

你出差了,由于情况紧急,你的下属处理了一件事,但发生了严重的失误,你回来后,他向你汇报,你怎样处理?

(三)导师点评

答题基本思路如下。①保持冷静(迅速了解情况、及时控制不利影响、共同努力做好眼前的工作)。②假设几种情形(如实分析问题产生原因并分别作出处理:如果是因为我的工作部署出了问题,那么一定要总结工作中自己的失误,下不为例;如果是因为情况紧急发生了不可抗力的情形,那么只要是我的下属尽了最大努力,我就要正确对待下属的工作,以免影响下属的工作积极性;如果是我的下属在工作中由于个人原因导致工作出现了失误,那么就要依照单位的责任制度来追究直接责任人的相关责任)。③事后总结(在处理完成相关工作后,一定要做好此次事件的总结工作,无论是工作方法还是工作能力上都要做相应的调整,避免这样的事情在以后的工作中再次发生,以更好地提高我们的工作能力和工作效率)。

(四)导师示范

面试试题:你单位和其他单位联合开展工作,领导将这项工作交给你的同事小王,小王进展缓慢。领导让你接手同事小王的工作,小王对此产生抵触情绪,不愿意和你交接工作,这时其他单位又在催问工作的进度,你怎么处理?

参考答题思路如下。

工作中难免遇到这样的调动和安排,作为同事,我对小王的心情表示理解,但是服从领导安排、尽快开展工作是当务之急。我会以工作为重,尽全力把这项工作完成好,不辜负领导和组织的期望。

首先,我会尽快与小王进行工作交接,在此过程中我会通过真诚沟通,向他请教之前工作中出现的问题及注意事项，并委婉地强调我们应以工作为重，从大局出发，相信小王会充分配合，高效完成工作交接。

其次，在对目前面临的各种情况明确了解之后，我会合理地制订好相应的工作计划，通过各种途径提高工作效率，全身心投入工作中。及时与合作单位沟通工作进展以弥补之前因进展缓慢造成的不良影响。同时，为保证工作的正常开展，要努力做好解释和分工合作。对于工作的开展情况，也要及时向领导汇报，听取领导的指导，保质保量完成任务。

最后，在今后的工作生活中，我会一如既往地多向同事请教学习，多与同事沟通交流，共同开展好各项工作。

（五）强化训练

该类型题目共提供了 5 道题，供大家进行强化训练，其中第 3 道题由导师作了示范性回答，以备训练参考使用。请大家务必按照所提供的思路列出每道题的回答提纲（控制在 3 分钟以内），并作具体回答（控制在 5 分钟以内）。

（1）在一次冬季招聘会上，场内人多，场外还有很多人等着买票进去，如果你是负责人，你该怎么办？

（2）你市准备在各个超市设置可再生资源回收点，有的超市不乐意，你该怎么协调解决？

（3）你单位和其他单位联合开展工作，领导将这项工作交给你的同事小王，小王进展缓慢。领导让你接手同事小王的工作，小王对此产生抵触情绪，不愿意和你交接工作，这时其他单位又在催问工作的进度，你怎么处理？

（4）你有两个同事性格不同，一个不谦虚，一个不踏实，他们之间有矛盾，影响了工作进度。你作为负责人，该怎么办？

（5）居民反映小区有人放音响，影响居民休息，作为物业管理人员，你会怎么处理？

二、人际沟通类

（一）适用范围

这类题型具有广泛的适用性，既适合于各级各类公务员考试，也适用于事业单位考试。

（二）典型样题

你做了一件事情或者写了一份工作方案，镇长赞同，书记不赞同，你该怎么办？

（三）导师点评

答题基本思路如下。①反思自我（重在查找出现这种状况的原因：方案是否有不妥之处、汇报时表述是否出现歧义）。②诚心沟通（针对各方问题、不断优化方案、主动分别沟通)。③总结提升(树立高度的工作责任心、不断提升自身工作能力)。

(四)导师示范

面试试题:你作为一名新进的公务员,科室只有三个人,科长、你和老同志,老同志总把工作任务交给你完成,导致你自己的工作完成不了,科长总是批评你,对此,你该怎么办?

参考答题思路如下。

作为一名新员工,不仅要明确自身职责和提升工作能力,也要善于与领导和同事团结协作,共同完成工作任务。面对这种情况,我将作出如下处理。

首先,要进行深刻的自我反思。一是反思我是否有能力和精力来完成本应由老同志完成的工作任务;二是反思由于我的本职工作没有完成对科室造成的不利影响;三是反思我和老同志以及科长沟通不畅的根源。

其次,我要积极主动解决好存在的问题。一是和老同志进行真诚沟通。不仅要感谢老同志对我的信任,放心将不少工作交给我来完成;也要谦逊地向老同志表明,由于自身工作能力与精力不够,帮助老同志完成相关工作后,无法及时完成自身工作,最终影响了整个科室发展,今后需要他分担更多工作,希望得到他的谅解;还要诚恳地向老同志承诺,自己会竭尽所能帮助其完成一些力所能及的工作。只有这样,方能让自己将主要精力专注于本职工作,提高工作效能。二是向科长真诚道歉并作出庄严承诺。由于自身工作能力的原因,给科室工作带来不利影响,今后一定多学习,多请教,以饱满的热情投入工作,圆满完成各项工作任务。

最后,我一定要善于从处理问题中总结经验和教训,牢固树立全局观念和大局意识,坚持以工作任务为中心,不断提升自己的沟通能力,不断提升业务水平,圆满完成科室交办的各项工作任务。

(五)强化训练

该类型题目共提供了5道题,供大家进行强化训练,其中第3道题由导师作了示范性回答,以备训练参考使用。请大家务必按照所提供的思路列出每道题的回答提纲(控制在3分钟以内),并作具体回答(控制在5分钟以内)。

(1)单位实行轮岗制度,你和小王调换工作,新部门领导念旧经常找小王办事,使你不能熟悉业务,同事也对你不满意,你该怎么办?

(2)你所在单位要参加一次团体比赛,你是队长,你的团队顺利进入复赛,此时有两名队员在背后议论你,说你安排人员不合理,并且臆造一些子虚乌有的事情,你该怎么办?

(3)你作为一名新进的公务员,科室只有三个人,科长、你和老同志,老同志总把工作任务交给你完成,导致你自己的工作完成不了,科长总是批评你,对此,你该怎么办?

(4)单位推行新员工导师培养制度,你是单位业务能手,三个科室都想让你来当导师,你科室的科长也同意了。但是一段时间下来,三个科室都反映培训效果不好,新员工也说你的沟通方式有问题，你的科长跟你说了这些，你要怎么处理这些事情？

（5）你和同事新到一家单位后，这个同事跟其他人关系融洽，对你却很冷漠，你怎么办？

三、两难选择类

（一）适用范围

这类题型主要适用于地市级综合管理类公务员考试和事业单位考试。

（二）典型样题

你单位严令禁止打电脑游戏，并明文规定违者开除。一天你无意中闯进领导办公室时，发现领导正在打游戏，你怎么办？

（三）导师点评

答题基本思路如下。①坚持基本原则（要通情理：选择当场批评或事后揭发均会会让考官觉得考生比较虚伪）。②选择不同应变方法并能自圆其说（如按照时间顺序可以这样设定：因没有敲门向领导道歉并及时退出办公室、稍后敲门再入正常汇报工作、事后给领导写信表达客观事实并表示绝对会维护领导形象并相信领导会做好榜样）。③事后反思（把握三点：不能因此事对领导有主观偏见；不能因此事害怕领导打击报复而患得患失；以后日常做事情要谨慎、有礼节）。

（四）导师示范

面试试题：你单位公布有关数据后，发现数据出错，如果在网上重新更正，会影响你单位的形象，而不更正会影响企业，请问你怎么办？

参考答题思路如下。

工作无小事，看似简单的一件事情，如果没有办好，很有可能会产生非常严重的后果。我单位公布数据后，发现数据出错，对于这个问题，我会冷静思考，迅速果断地采取措施，尽可能将影响降到最低。

首先，要了解基本情况。迅速了解数据出错的全部情况，并将数据的错误之处如实地汇报给领导，根据领导的指示进行下一步工作。

其次，要采取相应措施。数据出错，不更正会影响企业生产经营活动，不管影响大小，我们都应予以重视。因此，我会按照领导的指示先更正数据，并向可能受错误数据影响的企业一一道歉，同时也向社会检讨单位工作，表示日后在公布数据等工作中一定会做好核实工作，确保万无一失。

最后，要客观分析得失。虽然更正数据会影响我单位形象，但我相信这一影响是短暂的，相反，如果不更正，那影响会更加深远。我相信，只要我单位能够从大众的利益出发考虑问题，必能赢得信任和谅解。同时，在以后的工作中会更加细心。

总之，公务员手中握有群众赋予的权力，要时刻认识到肩负在自己身上的责任。要坚持做到“权为民所用，情为民所系，利为民所谋”，在工作中，要始终围绕着群众的切身利益展开工作。同时，这件事也让我认识到，在工作中，一定要耐心细致，踏踏实实地完成领导交派的任务。

（五）强化训练

该类型题目共提供了5道题，供大家进行强化训练，其中第3道题由导师作了示范性回答，以备训练参考使用。请大家务必按照所提供的思路列出每道题的回答提纲（控制在3分钟以内），并作具体回答（控制在5分钟以内）。

（1）领导上班时在手机上玩儿休闲小麻将游戏，被你看见了，你会举报吗？为什么？

（2）单位要举办“绿色环保宣传周”的活动，但是缺少专项经费，并且在活动宣传中还不允许耗费纸张，要求“无纸化”办公，领导将这项工作交给你负责，你该如何开展？

（3）你单位公布有关数据后，发现数据出错，如果在网上重新更正，会影响你单位的形象，而不更正会影响企业，请问你怎么办？

（4）你是一个项目负责人，小王是项目骨干，领导又分配了一个新任务给他，导致你们这个项目拖延。领导不满意，小王很委屈，其他组员议论纷纷。你会怎么办？

（5）你所在单位的正职与副职之间关系一直不协调，一次正职领导让你去处理一件紧急的公务，而副职又在同时让你赶写一份重要材料，这让你非常为难，你如何处理？

四、应急应变类

（一）适用范围

这类题型具有普遍适用性，尤其适用于选调生考试。

（二）典型样题

在一次招商引资的签约现场会上，正要和外商签合同时，领导要你拿出准备好的合同时却怎么也找不到了，你怎么办？

（三）导师点评

答题基本思路如下。①冷静不躁（保持冷静、保证工作正常开展）。②分析原因（假设几种情况：合同在现场与合同不在现场）。③认真反思（坚持“三多”原则：多从工作责任心和工作使命感角度来反思自己，多从自己过错角度来反思自己，多从对单位的造成不良影响角度来反思自己）。③改进工作（总结教训、增强责任心、改进工作）。

(四)导师示范

面试试题:专家要到我们部门解决技术问题,本来安排了要开会,会议时间已到,但很多员工却还没有到达,专家频繁问你这是为什么,你该怎么办?

参考答题思路如下。

技术问题的解决既需要专家的帮助,更需要我们职工的共同努力。针对这一突发情况,应及时调查原因,保证会议的顺利进行。我会根据不同的情况,及时与专家沟通,解决好这个问题。

首先,我会第一时间与部门负责同志取得联系,了解该部门是否已经有其他更重要的工作安排,如果有其他更重要的冲突事项,我会与专家进行协商,向其说明情况,建议更改会议时间;如果是因其他职工迟到,我会及时联系未到职工,催促其尽快赶赴会场,并在等待期间与专家再次研讨完善问题的解决方案。

其次,我会与会议布置人员取得联系,询问此次会议安排是否已经提前通知到位,做好了开会的充分准备,如果是因为我们的会议安排不到位,我会向专家诚挚道歉,并建议更改会议安排。

最后,我会进行深刻反思,并在今后不断改进工作。工作重在落实,此次会议的安排问题留给我更多的反思,会议前期准备工作十分重要,是保证整个会议顺利推进的重要环节,在今后类似的工作安排中我会更加认真周密部署,坚决杜绝类似现象再次发生。

(五)强化训练

该类型题目共提供了5道题,供大家进行强化训练,其中第3道题由导师作了示范性回答,以备训练参考使用。请大家务必按照所提供的思路列出每道题的回答提纲(控制在3分钟以内),并作具体回答(控制在5分钟以内)。

(1)你去农村调研,因有些问题未得到实际解决,有些村民直接离场,甚至情绪激动想要闹事,你该怎么办?

(2)你负责组织一个活动,活动时间快到了,可是好多人还没有来,查找原因后你发现是请柬上的活动时间写错了,此时你该怎么办?

(3)专家要到我们部门解决技术问题,本来安排了要开会,会议时间已到,但很多员工却还没有到达,专家频繁问你这是为什么,你该怎么办?

(4)深夜在一辆高速行驶的大巴车上,有一名乘客感冒,疑似是当时比较流行的甲流,有乘客非要让其下车,你怎么处理这一情况?

(5)你是办公室工作人员,某日一位退休职工来反映待遇问题,领导不在,你解释他不听,还扬言要自杀,你怎么办?

五、突发事件类

(一)适用范围

这类题型具有普遍适用性,尤其适用于综合管理类公务员考试和选调生考试。

(二)典型样题

位于主干道附近的一个装有危险化学品的仓库突然发生爆炸,你是现场的指挥人员,你怎么办?

(三)导师点评

答题基本思路如下。①按预案的要求处理(及时到场、迅速上报、紧急应对)。②具体措施(一般情况下是要成立分工不同的工作组,有条不紊地开展工作,包括伤员抢救组、群众疏散组、消防扑救组、思想工作组、舆论宣传组、事故调查组等)。③认真总结(包括事件的发生、发展、高潮、结局以及启示等)。

(四)导师示范

面试试题:某地发生水污染事件,领导要求立即停止此地供水,并让你去处理,你怎么办?

参考答题思路如下。

水污染事件的发生,不仅严重影响人民群众的身体健康和生命安全,也严重影响了企业正常的生产经营活动,还容易诱发社会恐慌情绪。因此,我将秉持人民至上、生命至上的理念,快捷地处理好这一突发事件,及时消除社会隐患。

首先,第一时间赶赴事故发生现场,了解水污染事件的具体情况,及时上报给领导,并根据领导指示迅速启动应急预案,及时作出相应处理。

其次,迅速成立专门工作小组,并做好具体分工。一是成立人员抢救组,及时救治因水污染事件而中毒的群众,维护广大群众生命健康;二是成立舆论宣传工作组,及时将水污染事件的真实情况与实时动态监测数据情况向社会公开发布,防止谣言传播引发群众恐慌情绪;三是成立后勤保障组,及时解决水体中毒区域内群众的基本生产生活用水问题,如果水体污染严重且涉及范围较广,还要考虑组织群众转移的问题,并做好群众食宿等生活方面的安排;四是处理事故调查组,及时组织相关部门专家对此次水污染事件的原因进行深入调查,并将调查情况汇报给上级作出相应处理,及时回应社会关切。

最后,我们应该对此次水污染事件进行深刻反思,既要分析其发生的原因,也要认识到其产生的严重后果,更要提出有针对性的解决措施,以杜绝此类事件再度发生。同时,我也要认真总结处理此次水污染事件过程中的经验与教训,不断提升自己的工作能力,以期为开展类似工作提供有益借鉴。

(五)强化训练

该类型题目共提供了5道题,供大家进行强化训练,其中第3道题由导师作了示范性回答,以备训练参考使用。请大家务必按照所提供的思路列出每道题的回答提纲(控制在3分钟以内),并作具体回答(控制在5分钟以内)。

(1)钟楼盘道发生交通事故,接下来很快有重要车队要经过,你在现场该如何处理?

(2)由于突降暴雨,你辖区内某福利院积水严重,有老人和工作人员共计30人被困,领导让你处理此事,你怎么办?

(3)某地发生水污染事件,领导要求立即停止此地供水,并让你去处理,你怎么办?

(4)单位旁边的广场正在举行大型活动,突降暴雨,人们纷纷来你单位躲雨并借用厕所,场面有些混乱。领导让你处理,你怎么做?

(5)你是火车站安检人员,有个女同志身材瘦小,不能把行李抬上安检架,此时有个男同志进来要求提前进入,其他乘客也纷纷提出要求,你怎么办?

六、劝说劝导类

(一)适用范围

这类题型具有普遍适用性,尤其适用于行政执法类公务员考试和事业单位考试。

(二)典型样题

小陈在单位工作多年,成绩也不错,但是在最近的职务调整中却没有晋升,内心非常苦闷。领导让你做小陈的思想工作,作为他的同事,你会怎么劝导他?

(三)导师点评

答题基本思路如下。①劝导前的准备(把握关键点:迅速查找资料或问题中的核心信息,主要包括环境、对象、目标等关键信息,明确事件来龙去脉)。②劝导方向的把握(确定立足点:主要包括内疚与自责、委屈与不满、抵触与漠视等)。③劝导的方法选择(针对性施策:针对内疚与自责,侧重表达理解、同情、关心、分担、指引等;针对委屈与不满,侧重表达说理、鼓励、指引等;针对抵触与漠视,侧重表达说理、阐明危害、指引等)。④劝导的精神实质(真情演绎:熟悉情况、深入情境、合乎情理等)。

(四)导师示范

面试试题:今年冬天,流感来势汹汹,监测数据显示,我国报告病例高于过去3年同期水平,不少大型医院的儿科门诊人满为患,假如你是某大型医院的医务工作者,领导让你劝导家长们尽量安排自己的小孩到就近的社区医院就诊,你如何劝导他们?

参考答题思路如下。

作为一名医务工作者,我有责任和义务为广大患者提供优质的医疗服务,最大限度地保护患者的身体健康,针对这种情况,我将从以下几个方面对家长朋友们进行劝导。

首先,表明身份,表达感谢。就是向家长们表明自己是医院的医生,并感谢家长们对我们医院的高度信任。

其次,表达理解,说明情况。可怜天下父母心,谁都希望自己的孩子接受最及时最优质的医疗服务,但目前医院确实无法满足大家的愿望。

再次,阐明危害,理性处理。一是要阐明当前流感盛行,极易感染免疫力较低的儿童,而现在医院的流感患者太多,很容易导致孩子交叉感染,使其病情更加恶化;二是当前医院的医疗资源很紧张,既缺乏医生,也缺乏床位,孩子很难得到及时的治疗,这样可能会耽搁孩子的最佳治疗时间,使其病情更加恶化。

最后,讲明政策,解决问题。就是要向家长讲清楚当前我国正在推行的分级诊疗制度,说明社区医院完全有条件治好孩子的流感疾病,劝说家长们尽快到离家最近的社区医院就诊,如果家长还有疑虑,可以联系一家社区医院,让家长真正放心,同时也向家长们承诺,如果小孩到社区医院治疗后还没有好转,我们医院将为孩子开设绿色通道,及时给孩子提供治疗。

总之,在劝说过程中,我将始终恪守以患者为中心的理念,想家长之所想,急家长之所急,俗话说,精诚所至,金石为开,我相信,家长朋友们一定会为了让自己的孩子得到及时有效的治疗,倾听我的建议,到就近的社区医院就诊。

(五)强化训练

该类型题目共提供了5道题,供大家进行强化训练,其中第3道题由导师作了示范性回答,以备训练参考使用。请大家务必按照所提供的思路列出每道题的回答提纲(控制在3分钟以内),并作具体回答(控制在5分钟以内)。

(1)2017年5月,在河南郑州市发生了“电梯劝烟猝死案”,这一事件给你什么启示?作为一名普通公民,当你看到有人在禁止吸烟的公共场所吸烟时,你应该如何劝阻他?

(2)现在全国不少地方出台文件,明确规定禁止行人闯红灯,你作为一名交通文明协管员,在执勤过程中,如何劝阻试图闯红灯的人?

(3)今年冬天,流感来势汹汹,监测数据显示,我国报告病例高于过去3年同期水平,不少大型医院的儿科门诊人满为患,假如你是某大型医院的医务工作者,领导让你劝导家长们尽量安排自己的小孩到就近的社区医院就诊,你如何劝导他们?

(4)行人闯红灯过马路,志愿者劝说行人不要闯红灯,志愿者小李在劝说的过程中遭到行人的嘲笑,因此感到委屈,想退出、想放弃,你作为志愿活动的组织者,怎么去安慰这位志愿者?

（5）你的同事上班期间出去办了点私事，很快就回来了，没和领导请假，领导知道后批评了她，她一赌气不好好工作，每天很懈怠，作为她的好朋友你怎么安慰她？

第四节 综合分析能力题型

综合分析能力题型主要测试考生能否把握事物的本质，思维是否清晰，判断是否准确，能否通过现象看本质，并善于解决难题。综合分析题答题时要有三度，即广度、高度与深度，要善于从机关事业单位的立场出发来考虑社会问题，善于从多个角度分析社会热点问题，善于从政府的高度出发来提出对策，依据党和国家的方针政策来解决问题。

测评要点：定位是否准确（能否准确把握住问题本质及其主要特征）；认识是否有高度（能否将问题提高到全局或宏观层次加以认识）；思考是否全面（能否从不同角度或多个角度来思考问题并善于全面抓住事物的主要方面）；论证是否严密（能否发现要素与要素之间的相互关系与变化发展规律）。

在机关事业单位面试实践中，综合分析能力题型主要有社会现象、公共政策、辩证分析、正向肯定、负面否定、深刻哲理和名言警句等类型。

一、社会现象类

（一）适用范围

这类题型具有普遍适用性。

（二）典型样题

现在有些“90后”青年们自称“佛系青年”，兴起一套“佛系”理论，很多人玩起了“旅行青蛙”等游戏，一时间在朋友圈刷爆屏，对此，你怎么看？

（三）导师点评

答题基本思路如下。①背景分析（基本前提：善于捕捉最新的社会关注点；阐述某种社会现象产生的背景。本题思路：“90后”青年是互联网行业发展最广泛的适用者，成为推动微博、微信、网络游戏发展的主力军。“90后”青年的言论和思想也会因此引领着网络思想的时尚潮流，产生“佛系”理论这样一种网络心态，其实就是对当代年轻人思想状态的一种映射。）。②点明主旨（ⅰ.揭示本质：先解释这种现象是什么，然后概括其本质。本题思路：“佛系”跟宗教没有任何关系，就是借用这个符号，表达一种怎么都行、不大走心、看淡一切的状态，“旅行青蛙”是一款放置类游戏，不需要手机主人过多关注，什么也不需要做，也什么都做不了。ⅱ.指明危害：结合客观现实，理性分析其产生的负面影响。本题思路：“佛系”理论主要表现为社会责任感缺失，对感情看得比较淡薄，这种清心寡欲的思想状态与本应朝气蓬勃的年龄形成了鲜明的对比，不能促进年轻人昂扬拼搏、积极向上，不利于创建情感社会，更不利于社会经济发展）。②原因分析（核心是要善于探究产生这一现象的社会主体即人与组织。本题思路："佛系"理论的兴起与流行是多方面的原因造成的：一是青年人过多依赖网络数字化的交流方式，接触的事务比较冰冷，缺少面对面的真实情感表达，容易造成心态淡漠化；二是家庭教育的缺失，忙碌的家长或离异的家庭忽视了对青少年的关爱，使年轻人形成清心寡欲、得过且过的思想状态；三是学校对学生心理健康教育的弱化，不少中小学只关注学生的学习成绩，高校也只关注就业率，往往忽视对学生思想教育和心理辅导的重要性；四是媒体引导有偏差，对"旅行青蛙"等具有"佛系"代表色彩的游戏的推广与发展，过度渲染了"佛系"思想）。③应对策略（如是单一主体，往往从观念、制度和执行三个方面提出对策；如是多个主体，就按照一定的秩序提出对策。本题思路：要引导青年回归朝气蓬勃的思想状态，需要青年、家庭、学校、媒体共同努力。一是青年应转变观念，常怀感恩之心，对生活充满激情，要积极主动多参加社会实践活动，丰富自己的人生阅历，遇到问题及时向朋友、家人、老师和专家求助；二是父母要多关心子女，通过谈心交流了解他们的兴趣爱好，并给予支持与鼓励；三是学校应关注学生的情绪和思想状态，多组织一些班级活动或主题班会，缓解学生的心理压力；四是媒体应引导青年积极向上，多报道一些青年人的励志事迹，激发广大青年自强不息，积极创新。）

（四）导师示范

面试试题：近年来，全国不少地方出现了多起开车斗气现象，出现"路怒症"的情况，引起社会很大反响。对于"路怒症"这种现象，你怎么看？

参考答题思路如下。

近年来，全国多地出现驾车司机之间相互超车、相互谩骂，甚至相互撞车和殴打等斗气现象，这种路怒症情况的发生绝不是一起孤立事件，需要全社会冷静看待和理性处理。

首先，要全面分析路怒症产生的原因。一是道路基础设施建设跟不上车辆增长的需求，客观上造成交通拥堵；二是社会生活节奏加快，人们工作压力大，主观上容易产生心理宣泄现象；三是部分司机客观上存在不规范和不文明驾驶行为，容易诱发斗气现象；四是社会上关于文明驾驶和社会主义核心价值观的宣传不到位；五是交通管理部门监管不力，没有及时制止不规范和不文明驾驶行为。

其次，要深刻分析路怒症产生的危害。一是严重影响司机的生命安全和身体健康；二是严重影响司机的财产安全；三是严重影响司机的心理健康、工作质量和家庭幸福；四是不利于友善宽容等社会主义核心价值观的培育和传播。

最后，针对路怒症现象，建议从以下几个方面进行整改：一是要大力加强交通法律法规和友善礼让等社会主义核心价值观的宣传教育，营造文明驾驶和安全出行新风尚；二是要大力加快交通基础设施建设，不断优化交通条件，切实解决交通压力问题；三是要大力加强交通监管力度，在交通拥堵重要时段和重要路段加大执法力度，及时进行疏导，及时处置不当交通违法行为,有效避免交通事故的发生与升级。

总之,我们要认真对待路怒症这种不良社会现象,采取有效措施从根本上加以解决,消除其产生的不利社会影响,构建文明、畅通、安全的出行环境和包容、友善、和谐的社会环境。

(五)强化训练

该类型题目共提供了5道题,供大家进行强化训练,其中第3道题由导师作了示范性回答,以备训练参考使用。请大家务必按照所提供的思路列出每道题的回答提纲(控制在3分钟以内),并作具体回答(控制在5分钟以内)。

(1)现在玩手机成为普遍现象,出现了"低头族",请谈谈你对这一现象的看法。

(2)近日,有人把车站当成了运动场所,在候车厅打起了羽毛球,对这个现象你怎么看?

(3)近年来,全国不少地方出现了多起开车斗气现象,出现路怒症的情况,引起社会很大反响。对于路怒症这个现象,你怎么看?

(4)现在流行70%无用论,诸如手机功能、别墅面积等。你是怎么看待这个问题的?

(5)现在很多人办事都托熟人,找关系。如去医院看病,孩子上学,公司信贷等,对于这类潜规则现象,你怎么看?

二、公共政策类

(一)适用范围

这类题型主要适用于副省级以上综合管理类公务员考试和事业单位考试。

(二)典型样题

2009年以来,北京、上海、天津、沈阳、广州、南京等多个大中城市为水价上涨进行听证或者调整了水价,有些城市上涨幅度甚至达到了45%。你的看法是什么?

(三)导师点评

答题基本思路如下。①亮明观点(关键点:熟悉方针政策。依据方针政策,表明自己的观点:积极支持或辩证分析,一般而言,凡是中央政府的决策,往往是支持的,并侧重于意义、实施分析,凡是地方政府的决策,往往是辩证的,并侧重于改进、完善分析。本题思路:推进资源性产品价格和环保收费改革,既是完善社会主义市场经济体制,提高资源配置效率的客观需要,也是推动节能减排,促进我国经济发展方式转变的迫切要求)。②利弊分析(关键点:把握角度,分析全面。由于利益主体的多元化,利弊分析是基本取向;重点侧重于从维护公共利益和公众需求角度入手。本题思路:作为与民生密切相关的公共产品,自来水的属性首先在于公益性,其次才是商业性,调价应当充分考虑广大居民尤其是困难群众的承受能力。否则，一刀切式的提价，不但起不到节约用水的约束作用，反而会伤害部分群众的利益，损害社会公平。当下，节约用水的必要性自不待言，水价偏低也是不争的事实，因此，借助于价格杠杆调控也无可厚非。但将节约用水的希望完全寄托在涨价上，显然没看到我国水价机制的根本问题。只有真正建立和理顺水资源的价格机制，才能一劳永逸解决水资源浪费问题）。③政策优化（关键点：立足根本，多措并举。本题思路：合理水价的形成，一方面要合理确定供水的真实成本，另一方面要改进管理、投资和监管机制。要建立和完善以合理配置水资源、提高水资源利用率为核心的水价形成机制，充分发挥价格杠杆在水资源配置、用水需求调节和水污染防治等方面的重要作用。）

（四）导师示范

面试试题：为了创建宜居城市，某市取缔了一个三十多年的夜市，以后还会陆续取缔24个夜市，对于该市的行为你怎么看？

参考答题思路如下。

针对该市的做法，我认为应该辩证地看待，下面我简要谈谈我的看法。

首先，该市取缔部分夜市，有一定的必要性。因为夜市确实存在不少问题：一是影响交通和环境；二是影响居民生活；三是影响群众饮食健康；四是影响社会安定。

其次，我们也要看到夜市的存在有一定的合理性：一是有利于增加就业机会和提高居民收入；二是有利于满足居民个性化需求；三是有利于传承地方特色文化。

因此，我们不能采取一刀切的办法，而应该具体问题具体分析，根据夜市的不同情况采取不同的措施。一是要坚决取缔一批。针对那些资质不合格、严重破坏环境、严重影响居民生活与身体健康的夜市摊点，必须坚决予以取缔；二是要规范整顿一批。针对那些不规范经营的摊点，如不规范占道、不按照规定时间营业等夜市摊点，要加强监管力度，使其能够规范经营；三是要合理规划一批。针对一些群众生活急需、有利于传承本地文化的特色夜市，政府要根据具体情况，选择合适的地点高标准重新合理规划部分夜市摊点。

（五）强化训练

该类型题目共提供了5道题，供大家进行强化训练，其中第3道题由导师作了示范性回答，以备训练参考使用。请大家务必按照所提供的思路列出每道题的回答提纲（控制在3分钟以内），并作具体回答（控制在5分钟以内）。

（1）中国要强，农业必须强；中国要美，农村必须美；中国要富，农民必须富。请谈谈你对这句话的理解。

（2）河北省石家庄市规定，行人闯红灯、不走人行横道、在路口内随意穿行等交通违法行为，将被依法处以50元以下罚款。在大路口，对群体性闯红灯的，处罚前三名；在小路口，对于闯红灯的行人，将全部处以50元以下罚款。对此，你怎么看？

（3）为了创建宜居城市，某市取缔了一个三十多年的夜市，以后还会陆续取缔24个夜市，对于该市的行为你怎么看？

（4）食品安全部门出台政策，凡明星代言的产品一旦查出有质量问题，将给予明星代言人一定的处罚。对此你怎么看？

（5）2016 年 5 月，北京市对私家车正式征收拥堵费。对此有人说治标不治本。你怎么看？

三、辩证分析类

（一）适用范围

这类题型具有普遍适用性。

（二）典型样题

有人说社会化的养老机构好，有人说尊老是中华民族传统美德，要自己来赡养年老父母，你怎么看？

（三）导师点评

答题基本思路如下。①辩证看待（关键点：入题根据主旨方向宏观点题、根据客观现实微观破题。本题思路：伴随老龄化社会的到来，养老问题逐渐突出，有人说养老机构好，有人说自己赡养父母好，我认为双方观点是一个问题的两个方面，应该辩证地看待。）。②分层优劣分析（关键点：围绕题目所提供的主体展开陈述。本题思路：一方面，社会化的养老机构确实有其特定的优势：科学化、系统化的养老模式和养老服务，能够集中为老年人提供吃、穿、住、用、行等各方面的服务，满足老人多样化的养老要求；养老机构将老年人安排在一起，也能起到互相帮助、互相关心、互相温暖、缔结友谊的作用；养老机构组织老年人集体活动也有利于丰富老年人的业余生活。养老机构也有不足的地方：无法满足老人想和儿孙进行情感交流的需要；无法提供父母表达关爱儿女的渠道。另一方面，由儿女赡养父母是中华民族的优良传统，也是公民应尽的义务，儿女赡养父母能够满足老人情感的需要，具有不可替代的作用。老年人普遍更期望"老有所养""老有所乐""老有所用"，"老有所养"是希望自己的儿女能够孝顺膝下；"老有所乐"是希望尽享天伦之乐，与家人在一起，与儿孙在一起，颐养天年；"老有所用"是希望发挥最后的光和热，为儿孙提供生活上的照顾。但是在压力逐渐增加，竞争激烈的现代社会，儿女可能在时间和精力上分身无术，也缺乏专业的训练。）。③综合平衡（关键点：扬长避短。本题思路：我觉得应该结合二者的优势，一方面要尽可能满足老人的情感需要，另一方面要发挥资源的集中优势，可以开发社区养老模式，儿女上班期间可以集中为老人们提供更为丰富的业余生活；儿女休息时段要让老人们与家人团聚，尽享天伦之乐。）

（四）导师示范

面试试题：当前，很多农民工招聘会上出现了不少大学生，尤其是重点大学学生的身影。你怎么看？

参考答题思路如下。

对一些重点大学学生到农民工招聘会上求职的现象，我们应该辩证客观地看待。

首先，这种现象对于转变大学生就业观念有一定的示范意义。职业没有高低贵贱之分，大学生转变以往就业期望值过高、严重脱离社会现实的观念，愿意从事相对较为底层的农民工的工作，反映出高校尤其是名校大学生摆脱传统观念的束缚，也与国家倡导的“转变就业观念，树立行行建功、处处立业的新型择业观”和“大众创业，万众创新”等理念相吻合，具有一定的积极意义。

其次，我们也要认识到这种现象也确实造成了教育资源的浪费。从整个国家和社会层面来看，一些重点大学学生到农民工招聘会上求职，反映了社会转型过程中就业市场竞争激烈，导致大学毕业生职业安全感降低的问题。同时，国家花费了大量资源对大学生进行培养，但其毕业后却从事与专业相关度不高的工作，确实造成了教育资源的浪费。

最后，针对这种现象，我认为可以从以下几个方面加以改进，充分发挥大学生的社会作用。一是国家应该完善就业保障制度，引导大学生树立科学择业就业观；二是高校应该采取各种措施，致力于培养学生的社会责任感、专业素养和实践能力；三是社会舆论和家长应该给予大学生更多包容，扭转将“求学”与“致富”紧密挂钩的思想，支持学生的自主选择。

（五）强化训练

该类型题目共提供了5道题，供大家进行强化训练，其中第3道题由导师作了示范性回答，以备训练参考使用。请大家务必按照所提供的思路列出每道题的回答提纲（控制在3分钟以内），并作具体回答（控制在5分钟以内）。

（1）古人云，“疑人不用，用人不疑”。你怎么看？

（2）现在不少青年人贷款买汽车、买房子的现象越来越普遍。你如何看待？

（3）当前，很多农民工招聘会上出现了不少大学生，尤其是重点大学学生的身影。你怎么看？

（4）各地政府纷纷开通官方网站、微博，群众可以通过这些网络平台监督政府工作和公务员的行为。你怎么看？

（5）某市出台政策，决定取消流动早餐摊点，对此你有何看法？

四、正向肯定类

（一）适用范围

这类题型主要适用于地市级公务员考试和事业单位考试。

（二）典型样题

近年来，不少城市出现了无人看守报刊亭这种新的营销方式。你怎么看待这种现象？

（三）导师点评

答题基本思路如下。①点明实质（关键点：宏观引入、具体阐述。本题思路：诚实守信是我国的传统美德，人无信则不立，政无信则不威。现代社会中诚信缺失的现象层出不穷，从各种各样的商业虚假宣传到防不胜防的电话诈骗，使我国的诚信道德建设面临很多的挑战和难题，而无人看守报刊亭的出现仿佛让我们看到了重塑诚信的曙光，我们应该对这种充满正能量的现象进行弘扬，让更多的人认识的诚信的重要性。）。②积极意义（关键点：由小见大逐步深入。本题思路：第一，以报刊亭作为诚信建设的风向标，通过媒体在社会范围进行大力宣传，并对表现突出的城市予以嘉奖，将其评选为"道德模范城市"，鼓励更多的人参与进来。"道德模范城市"的评选要引入竞争机制，让每个城市都能感到竞争的压力和动力，督促其不断地去提高自己城市的诚信道德水平，这样可以更好地起到模范带头作用。第二，除了报刊亭外，我们还可以在其他领域和行业开展这种"无人模式"，比如菜市场、便利店、加油站等场所，让每个人都了解到，当大家都遵守规则、诚实守信的时候会节省我们的时间、提高办事效率，减低社会成本。让民众充分理解投机取巧的方式只会为自己徒增烦恼，只有大家诚实相待，才能让我们的社会更加和谐，生活氛围更加轻松。第三，在社会中评选一些"诚信模范人物"，并予以精神和物质上的双重奖励，让"诚信模范人物"成为推动诚信发展的动力，去激励更多人争做模范，学习模范。诚信包工头孙先生为赶在除夕前把工资发到自己工人的手中，在高速公路上冒雪前行，不幸因道路湿滑车辆翻倒在高速公路边上，车毁人亡。但是他的弟弟和母亲延续了他的诚信，还是将钱一分不少地发到了工人们的手里。他们的这种行为深深影响到了社会上的很多群体，拖欠农民工工资的现象也大大减少，由此可见，道德模范对社会诚信建设的突出作用。）。③社会弘扬（关键点：积极推广、拓展。本题思路：无人报刊亭只是一种模式，而这种模式的成功可以为我国社会道德建设提供很好的借鉴，因此，我国其他城市也应积极响应起来，发挥主观能动性，积极投入到社会精神文明的建设中来，让我们中华民族的传统美德得到更好的继承和发扬。）

（四）导师示范

面试试题：某市政府推出一项"十元看电影"的公益活动，让环卫工人、建筑工人等低收入群体和低保户以十元进场，满足了特殊群体看电影的需求。对政府的这一做法，你怎么看？

参考答题思路如下。

对于地方政府的这一做法，我们应该给予点赞，充分考虑了环卫工人、建筑工人等低收入群体和低保户的特殊经济状况，满足了群众的精神文化需求。

首先，该市政府积极履行了提供公共文化服务、以公共文化惠民的职责，政府掏钱请市民看电影，帮助更多买不起票的市民走进电影院，同时呼吁更多电影院主动降价，吸引更多市民享受优质的电影文化产品，这才是电影文化产业良性发展之路。

其次，我们也该思考十元票价可持续推进问题。事实上，低收入群体与中产阶级之间大量的“夹心层”，才是既有精神文化需求又受限于市场高价的人群，所以“十元看电影”只针对环卫工人、建筑工人等低收入群体和低保户的覆盖面过于狭窄。

最后，为了最大限度地满足群众精神文化需求，我们可以将“公益电影进影院”升级为“优秀国产影片免费观影月”。这样，一是扩大了惠民范围。由市民向社区自愿申领，并向低收入群体倾斜。二是扩大了覆盖区域。可以在部分城区全面试点运营。三是扩大参与影院。这样可以方便群众就近观影，并对参与影院给予相应上座率保底承诺。

（五）强化训练

该类型题目共提供了 5 道题，供大家进行强化训练，其中第 3 道题由导师作了示范性回答，以备训练参考使用。请大家务必按照所提供的思路列出每道题的回答提纲（控制在 3 分钟以内），并作具体回答（控制在 5 分钟以内）。

（1）周师傅 50 岁下岗后一直在家附近小区修鞋，虽然收入微薄，勉强度日，但是他仍然坚持免费为邻里修了几万双鞋，受到附近居民一致好评。后来周师傅突发疾病去世，大家很惋惜，得知他家里还有一个 80 多岁的母亲和残疾的女儿，小区居民纷纷自发组织进行了募捐。对此，请谈谈你的看法。

（2）我国定期在全国评选感动中国人物，他们爱岗敬业，坚守自己的岗位。谈谈他们的事迹对你的启示。

（3）某市政府推出一项“十元看电影”的公益活动，让环卫工人、建筑工人等低收入群体和低保户以十元进场，满足了特殊群体看电影的需求。对政府的这一做法，你怎么看？

（4）莆田的吴女士驾驶一辆车开到斑马线前，主动礼让一位拄着拐杖的老人。她这样做是为了让那位老人安全通过，可是怎么也没有想到，自己这一平凡的举动却换来老人的脱帽鞠躬，他庄重地行礼表示感谢。对于老人的这一行为你怎么看？

（5）俗称“好人法”的规定引发热议。对此，请谈谈你的看法。

五、负面否定类

(一)适用范围

这类题型具有一定普遍适用性,尤其适用于地市级公务员考试和事业单位考试。

(二)典型样题

"两会"期间,有代表反映个别地方存在"村骗乡,乡骗县,一直骗到国务院"的现象,请你谈谈看法。

(三)导师点评

答题基本思路如下。①点明实质(关键点:要注意用语的委婉,尽量弱化负面信息。本题思路:这种现象在我国一些地方确实存在,反映了某些地方政府工作人员"上有政策,下有对策"的不良工作作风和态度。)。②造成的危害或影响(关键点:尽量全面,要由浅入深,层层推进。本题思路:"上有政策,下有对策"的错误观念不仅损害了人民群众的利益,也损害了当地政府的威信和形象。)。③原因分析(关键点:分析要全面而有条理。本题思路:部分地方政府官员没有真正树立起为人民服务的意识;行政管理体制也存在严重的问题;缺乏必要的监管机制。)。④应对措施(关键点:分析要全面而有条理。本题思路:一方面公务员必须加强学习,牢固树立权为民所用,利为民所谋,情为民所系的服务意识,坚决服从上级政府的领导,贯彻上级党与政府的政策方针,更好地为人民服务;另一方面,应该加大行政管理体制的改革力度,完善政绩考核机制,尤其要完善行政监督机制,完善政府内部监督,同时也要重视社会监督和人民群众的监督。)

(四)导师示范

面试试题:当前,有些党员干部在微信"朋友圈"里转发一些社会负面信息,或发表一些有损政治形象的言论。对此,你怎么看?

参考答题思路如下。

题目中所述党员干部的行为是极其不负责任的,是缺乏责任意识的体现,一旦出现类似问题就应该严肃处理。

首先,我们要分析其产生的深刻原因。一是党员干部自身的党性修养不够。这种行为不但说明党员干部缺乏责任意识,更是一种不计后果、缺乏社会责任感的表现。没有意识到自己的行为带来的严重后果以及自身的言行代表的不仅仅是个人,更是党和政府的形象。另外,能够轻易地信谣传谣,也正是说明了党员干部辨别能力差,缺乏求真务实的精神。二是缺少对组织文化的认同。党员干部发表这些不负责任的言论,说明对组织的认同感比较低,体现出我们平时对党员干部只注重工作能力与工作成果,疏于思想上的管理。三是缺乏有效的问责机制。不实言论造成的后果或大或小,没有明确的衡量标准,在惩罚上难以裁量。并且对不实言论要追根溯源,也因为技术手段较为落后难免会有所制约。所以他们敢毫无顾忌地发表言论。

其次,我们要认识到这种做法所产生的不良社会影响。信息化时代的来临,使得每天都有大量的信息充斥着我们的生活,而这些信息质量参差不齐,每个人都能通过自媒体终端接收信息和发送信息。加之网络监管难度较大,难以对一些虚假信息和负面信息进行及时的筛选和删除,这就给负面言论提供了存在的空间和传播的途径。这种做法势必会对我们的政府形象造成恶劣影响,会让人民群众怀疑政府的工作能力,从而降低政府在人民群众中的公信力,不利于我们工作的开展。

再次,针对这种情况,要想让领导干部谨言慎行,我认为需要多管齐下、多措并举。一是党员干部要做好自律,做到慎独、慎微。要深入开展"两学一做"教育,学党章党规、学系列讲话,做合格党员。不仅要严以修身、严以用权、严以律己,还要谋事要实、创业要实、做人要实,时刻牢记自己代表的是党和政府的形象,并提高对信息的辨别能力,没有调查就没有发言权。二是在选人用人时要高标准,严要求。选拔领导干部的标准应该是德才兼备,以德为先。并且在日常的工作中也要加强对党员干部思想上的关注,定期召开民主生活会,开展批评与自我批评,加强党员干部对组织的认同,提高党性修养。三是加强制度建设,完善问责机制。对于造成恶劣影响的负面言论,利用先进的技术手段对其追根溯源,不但要追究当事人责任,还要追究其领导责任。影响恶劣的,必须严肃处理。

最后,我相信通过以上这些做法,能够让我们的党员干部真正做到心中有党、心中有民、心中有责、心中有戒。

(五)强化训练

该类型题目共提供了5道题,供大家进行强化训练,其中第3道题由导师作了示范性回答,以备训练参考使用。请大家务必按照所提供的思路列出每道题的回答提纲(控制在3分钟以内),并作具体回答(控制在5分钟以内)。

(1)有人说,腐败是经济的润滑剂。你怎么看?

(2)现在的新闻媒体,尤其是网络媒体,在报道过程中存在很多虚假信息,给群众带来了一定的误导。对于这类现象,你怎么看?

(3)当前,有些党员干部在微信"朋友圈"里转发一些社会负面信息,或发表一些有损政治形象的言论。对此,你怎么看?

(4)社会上有揶揄极少数司法人员的负面说法,你怎么看待?

(5)社会上有这样一种说法:有的地方在选人用人上存在"年龄是个宝,文凭不可少,关系是关键,能力作参考",你对这种现象怎么看?

六、深刻哲理类

（一）适用范围

这类题型具有一定的普遍适用性，尤其适用于副省级以上公务员考试和事业单位考试。

（二）典型样题

昨天的太阳晒不干今天的衣裳，你怎么看？

（三）导师点评

答题基本思路如下。①释义（关键点：先翻译或字面解释，后指明它揭示的深刻道理。本题思路：这句话是说，昨天的辉煌已经过去，不要沉溺在过去的成就里，要关注当下。它告诉我们，时光一去不复发，要珍惜眼前的时光，把握机遇。）。②意义（关键点：要善于通过案例或事实来阐述该道理所折射出的重要意义。）③启示（关键点：如何学习，如何践行。本题思路：由此可见，昨日的辉煌只是对前段时间的认可和肯定，若要不间断地实现自我价值，唯有勇于突破。一方面，要确定目标，明确自己对人生理想的奋斗方向，不被前段时间的认可所牵绊；另一方面，要付诸实践，持之以恒地干，发扬拼搏精神，持续地激励自己去不断努力，完善自我。）

（四）导师示范

面试试题：空心的麦穗举头向天空，而饱满的麦穗则低头朝大地。请你谈谈对这句话的理解。

参考答题思路如下。

这句话的意思是饱满的麦穗低头一方面是为了避免危险的冲撞，让自己更好地成熟，另一方面也是对已有成绩的谦虚，不张扬、不炫耀。它深刻地警示我们，人生也应如此，在成长的过程中，要学会低头，学会谦虚，放低姿态、不断进取。

这句话教会了我们应该如何做人与谋事。一是要勤于学习、敏于求知。注重把所学知识内化于心，形成自己的见解，既要专攻博览，又要关心国家政策和民生动态，学会担当社会责任。二是要加强修养、注重实践。踏踏实实修好公德、私德，学会谦让、学会宽容，要从小事做起，注重理论与实践相结合，学会劳动、学会自律。三是要明辨是非，善于决断。学会思考、善于分析、正确抉择，做到稳重自持、从容自信、坚定自励。四是要扎实干事、踏实做人。把艰苦环境作为磨炼自己的机遇，把小事当作大事干，一步一个脚印往前走。

当然，不成熟的麦穗高昂着头也是它吸收能量、追求成长的一种方式，所以我们对正在成长中的年轻人也要有宽容的态度，不应该排挤他们、歧视他们，而应当主动帮助他们，相信他们最终都会成长，撑起一片属于他们自己的天空。

总之，我们只有学会低头处事、昂首做人，才会感悟到人生里的更多智慧，我们的人生也会走得更顺利、更长远，为我们的集体和社会作出更多贡献。

（五）强化训练

该类型题目共提供了5道题，供大家进行强化训练，其中第3道题由导师作了示范性回答，以备训练参考使用。请大家务必按照所提供的思路列出每道题的回答提纲（控制在3分钟以内），并作具体回答（控制在5分钟以内）。

（1）一个人走路可以很快，但走不远；一群人走路速度不快，但可以走得更远。你怎么理解？

（2）人无法决定生命的长度，但可以决定生命的宽度。结合自身经验，谈谈你的看法。

（3）空心的麦穗举头向天空，而饱满的麦穗则低头朝大地。请你谈谈对这句话的理解。

（4）“做事不计大，做人不计小”，你怎么看待这句话？

（5）当站在高山上看山脚下的人时，山脚下的人显得很渺小，而山下的人看山上的人时也觉得很小。请谈谈你的看法。

七、名言警句类

（一）适用范围

这类题型具有一定的普遍适用性，尤其适用于副省级以上公务员考试和事业单位考试。

（二）典型样题

古人说：临渊羡鱼，不如退而结网。你怎么理解？

（三）导师点评

答题基本思路如下。①释义（主要包括含义、背景和意义等方面。本题思路：“临渊羡鱼，不如退而结网。”意思是说人只是站在河边，望着河中肥美的鱼，徒然羡慕，是永远得不到鱼儿的，还不如回家结张网来捕鱼。）。②破题（主要包括阐明实质、启示等方面。本题思路：这个成语告诉我们，要想使我们的祖国兴旺发达，人民生活幸福、美满，必须实干、苦干，空谈只能误国，实干方可兴邦。）。③联系实际（主要结合主旨展开谈，最好举实例。本题思路：在日常工作中，有目标、有抱负是必需的。但是，任何想法必须落到实处，落实到具体的行动上，才能获得成功。如果只是不切实际的空想，永远不能获得成功。）。④表态（主要联系自身工作实际谈努力方向。本题思路：作为一名公务员，应该在本职工作岗位上踏踏实实地干好工作，一步步实现自己的理想和抱负，才能最终为人民服好务。）

（四）导师示范

面试试题：古人云：“防胜于治，教胜于诸”。请你谈谈对这句话的认识。

参考答题思路如下。

这句话的意思是说，提前预防胜于事后的治理，平时的教导胜于众多其他方法的惩治，它强调了防患于未然的重要性。

凡事预则立,不预则废。以当前我国推行的事关党和国家生死存亡的反腐倡廉工作为例,从党的十八大后提出中央八项规定,到反对“四风”走好群众路线;从“老虎”“苍蝇”一起打,到党政、高校、国企巡视工作全覆盖,多年来,在以习近平同志为核心的党中央坚强领导下,全党自觉认真贯彻执行中央八项规定,使党风政风为之一振,清风正气扑面而来。全党上下,全国各地,从严惩治贪污腐败,明确规定各项规章制度,加强宣传教育,预防腐败,其成效显而易见,广大人民群众的获得感、幸福感和安全感不断增强。

总之,“治”在标,“防”才是本,各行各业及各级职能部门应树立“防”胜于“治”的思想和理念。在平时的工作中,我们要注意防微杜渐,注意做好工作的每一个细节,在尚未出现问题的时候就提前做好预防,在祸患没有发生的时候就要加以警惕,做好相关的准备和预防工作,只有这样,我们才能防患于未然。

(五)强化训练

该类型题目共提供了5道题,供大家进行强化训练,其中第3道题由导师作了示范性回答,以备训练参考使用。请大家务必按照所提供的思路列出每道题的回答提纲(控制在3分钟以内),并作具体回答(控制在5分钟以内)。

(1)习近平总书记多次强调,扣好人生第一粒扣子。你怎么看?

(2)国务院原总理李克强曾说过,喊破嗓子不如甩开膀子。你怎么看?

(3)古人云:“防胜于治,教胜于诸”。请谈谈你对这句话的认识。

(4)卢梭说:一切法律之中最重要的法律,既不是铭刻在大理石上,也不是刻在铜表上,而是铭刻在公民的内心里,它形成了国家的真正宪法。你怎么看?

(5)有人说:“未来的世界是:方向比努力重要,能力比知识重要,健康比成绩重要,生活比文凭重要,情商比智商重要!”你怎么理解这句话?

第五节　面试常见变式题型

一、结构化小组

(一)基本内涵

结构化小组面试是一种标准化小组面试,要求一组考生同时回答一套题目,答题结束后,考生之间互相评论和回应的一种面试测评方法,从而测查考生从事公务员工作所需的基本能力和基本素质。其关键点在于互评和回应。

(二)基本流程

结构化小组面试分为两个阶段。

第一阶段,轮流答题阶段。考生按照面试题本规定的答题顺序逐题、依次回答,每道题的时间一般不超过 2 分钟或 3 分钟。

第二阶段,考生互评阶段。考生按照面试题本规定的发言顺序,对其他考生的答题情况集中依次进行评论(一次性完成),评论结束后,被点评考生依次进行表态回应(一次性完成)。评论与表态回应时间一般不超过 2 分钟。

(三)具体操作

结构化小组面试在具体操作过程中一般会采用如下分组进行。

(1)两人一组。这种情况比较简单,就是一个考生回答某一问题,另一个考生对其回答进行评论,然后交替进行。

(2)三人分组。采用三人分组一般采用如下轮流答题顺序(具体情况如图 2.1 所示):

第一题:A 号考生、B 号考生、C 号考生;

第二题:B 号考生、C 号考生、A 号考生;

第三题:C 号考生、A 号考生、B 号考生。

(3)四人分组。采用四人分组一般采用如下轮流答题顺序(具体情况如图 2.2 所示):

第一题:A 号考生、B 号考生、C 号考生、D 号考生;

第二题:B 号考生、C 号考生、D 号考生、A 号考生;

第三题:C 号考生、D 号考生、A 号考生、B 号考生

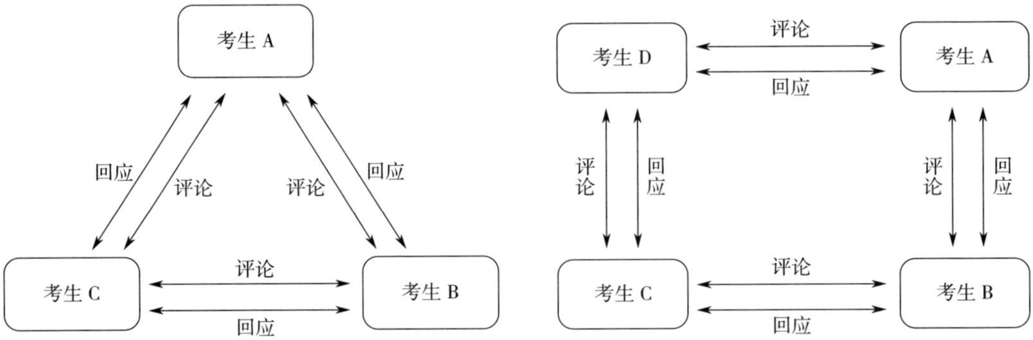

图 2.1 三人分组　　图 2.2 四人分组

(四)应对策略

(1)要明确评价对象。两人分组时,考生对自己的评价对象非常明确,三人分组也相对明确,特别是四人一组情况,一定要明确自己的评价对象。

(2)要记录他人要点。考生在聆听评价对象答题时,一定要聚精会神,认真记录好他人的答题思路以及主要观点,为后面进行合理评价打下坚实基础。

(3)要借鉴他人观点。考生在评价他人是要善于吸纳别人合理的意见,不断优化自己的答题思路。只有这样,才能真正做到评价客观、回应得体。

（4）要回应他人行为。评价对象在回答问题的过程中，考生不能一直埋头记录或专注于思考问题，一定要以积极或赞许的目光与表情等方式对其予以回应。

（5）要客观理性评价。考生在评价与回应他人的过程中切忌使用程度较重的词语进行表达。假如对方的观点站不住脚，也不能全盘否定，如表述为“1 号考生的观点是完全错误的或极其荒谬的”。最好表述为“1 号考生的观点有点不恰当或有些偏颇”。假如对方的观点与自己一致，也不宜全盘肯定，如表述为“1 号考生的观点是完全正确的”。最好表述为“1 号考生的观点值得肯定”。

（五）答题思路

1. 评价他人的答题思路

首先，客观指出他人的优点，遵循先总评再分述、先程序再内容的思路进行。如：“首先，我认为 1 号考生刚才的回答具有以下几个方面的优点：一是仪态比较端正、表达比较流畅等；二是观点比较明确，分析比较全面，从 ×× 等几个方面进行了分析，有一定的创新之处。比如 ×× 这个说法比较符合时代特征。”

其次，理性指出他人的不足，遵循先总评再分述、先程序再内容的思路进行。如：“其次，我认为 1 号考生的回答也存在以下几个方面的不足之处：一是时间把握不够好，比如第 1 题用时超过了 3 分钟，第 2 题用时不到 1 分钟；二是论述不够深入，如第 1 题虽然从 ×× 方面进行了分析，但没有就某个方面深入展开，给人一种浅尝辄止的感觉。”

最后，鲜明表明自己的观点，主要侧重从观点和内容方面进行。如：“最后，对于这道题的回答，我个人认为应该持支持的态度，而不是辩证看待。对于 ×× 的分析，我觉得还可以从 ×× 方面加以分析就更加全面一点。”

2. 回应他人评价的答题思路

首先，要表达对评价人的谢意。如：“首先，我要真诚感谢 2 号考生从形式和内容方面对我刚才的回答所作出的全面而客观的评价。”

其次，要虚心接受评价人的观点。如：“2 号考生不仅客观指出了我在回答问题过程存在的 ×× 方面的问题，也肯定了我的基本观点与分析的思路，还从 ×× 方面提出了自己的见解，让我受益匪浅。”

再次，要自信，坚持自己的观点。如：“当然，由于每个人看问题的视角不同，对于第 1 个问题的回答，我还是坚持个人观点，觉得应该辩证看待。”

最后，要表达不断提升自我的决心。如：“由于个人能力和水平有限，再加之实践经验不足，对这些问题的理解还不够全面和深入，今后一定多加强学习，不断提升自己的认知水平和工作能力。”

二、现场模拟

（一）基本内涵

现场模拟，是指考生依据题目所设情境和身份，在设定的具体场合下，运用恰当的表达方式，以便达到阐述信息、表达观点或者解决问题的目的。

（二）注意事项

一是要明确沟通场景。现场模拟所设置的情境形式上是要求双方进行面对面地沟通与交流。因此，要进行有效沟通与交流，就离不开见面的问候语和分别时的告别语。

二是要明确各自角色。现场模拟所设置的情境实质上要求考生现场解决问题，而有效解决问题的前提是彼此要明确双方身份。因此，考生在沟通过程中一定要积极主动，而且要充分考虑对方的身份、年龄、性别等因素。

三是要进行情绪表达。为了更好地解决问题，考生在表达过程中一定要情真意切，尽可能多地使用谦辞和敬语，根据对方的角色进行强化，做到表达生动贴切。

四是要立足解决问题。考生要善于尊重问题情境所描述的客观事实，严格按照程序进行沟通协调，切忌脱离问题事实，自说自话。

（三）导师示范

面试试题：游客专程来柳州想要品尝当地正宗螺蛳粉，发现没有螺蛳，因此和老板吵起来。假如你是宣传干部，如何帮助老板解围并达到向外宣传柳州形象的目的，请你现场模拟一下。

参考答题思路如下。

开头：这位朋友，您好！我是咱们柳州宣传部门的工作人员，您可以叫我小刘，俗话说，有朋自远方来不亦乐乎，非常欢迎您来到咱们柳州旅游！

过程：这位大哥，其实咱们柳州正宗螺蛳粉并不在于里面有多少螺蛳，其独特之处在于整碗螺蛳粉螺蛳味满满，却很少看得见螺蛳。当然，并不是说螺蛳粉里没有螺蛳，而是因为螺蛳太细小，可能附在米粉上了。刚才那位老板可能是因为客人太多，招呼不过来，所以态度方面有些急躁，也没有给您作关于螺蛳粉的解说。这里，我和老板给您真诚道歉。这位大哥，我现在闻到螺蛳粉味道，也想吃一点，要不，我让老板给咱们各来一碗如何，算我作为东道主请您的，让我将螺蛳粉的由来和您具体说道说道，保证让您记忆深刻，以后还想来咱们柳州吃正宗螺蛳粉。

结尾：好了，今天时间也不早了，那我就不打扰您吃东西了。其实，咱们柳州还是一座充满风情的旅游名城，有壮族的歌、瑶族的舞、苗族的节和侗族的楼，除了螺蛳粉之外，还有很多的名吃，比如炒田螺、打油茶等，如果您有时间可以到处去走走，到处品尝，别因为误会而影响出游心情，最后，祝您玩得开心！期待您再次光临柳州！

第三章　面试准备部分：过程控制

第一节　面试前期准备

一、制订备考计划

（一）了解进入面试规则

笔试成绩出来后，录用机关根据笔试成绩，一般按照录用名额的3倍由高分到低分（或按1∶3的比例），依次确定各职位进入面试人员名单，最后一名笔试成绩相同的，一并进入面试。

（二）明确参加面试时间

不少考生陷入一个误区，就是要等到笔试结果出来后，才考虑准备面试的有关事宜，这样就会比较仓促。笔试成绩公布后，面试时间就不远了，很多录用机关在1~2周内就会进行面试。因此，考生要将面试和笔试结合起来，同步进行准备，这样才不至于紧张和慌乱。

（三）选择合适的复习资料

面试和笔试一样，都没有指定参考资料与培训机构。为了提高学习的时效性，一般建议考生尽早购买一本纸质的面试辅导资料，全面了解面试的基本原理及基本答题思路，之后再购买网课，进行模拟训练，这样效果最佳。

[导师点评] 目前市场上的面试资料和视频资料多而杂，建议考生结合自身实际理性购买，不宜过多，最好与已经成功“上岸”的考生进行交流后购买资料。

二、做好知识准备

（一）重点学习公共知识

主要包括党的基本理论、二十大以及二十届一中二中全会精神、党和国家的重大战略方针政策、习近平治国理政思想以及主要讲话精神、国情国力以及科技发展、时事政治等。本书第五章提供了部分内容。

（二）了解报考岗位知识

主要是指考生要全面了解自己所报考岗位的性质、任务、职能、职责等基本情况，以及报考该岗位时自身所应具备的知识、能力、技能以及工作经验等。

（三）收集热点社会问题

主要是要求考生要经常留意国内外发生的重大时政问题以及热门话题，经常注意报刊、电视等传统媒体以及微信、抖音等网络媒体，及时关注社会热点问题，以及本地区、本行业、本系统的最新动态。归结起来，这些问题集中体现在以下 5 个方面：工作实践中遇到的新问题、改革发展稳定存在的深层次问题、人民群众急难愁盼问题、国际变局中的重大问题以及党的建设面临的突出问题。

（四）梳理个人相关问题

尽管面试中因担心考生身份泄露而影响考试的公平性，一般不涉及个人问题，但考生还是事先充分准备好自己的学习和工作经历、竞争职位的优势或原因、自己的职业规划等，并尽量保证有具体事实予以佐证。因为不少面试题型中需要这样的素材与内容进行补充，才显得比较充实，如人际沟通题型中如果运用一个准备好的案例进行回答，效果就比较好。

［导师点评］知识准备不是一蹴而就的事，需要考生养成关注社会的习惯，养成持续关注社会问题的意识，养成“不懂不知不会”就百度的求知欲。

三、开展相关调查

面试前对应聘单位和应聘职位进行调查研究，是获取有用信息的必要和有效手段。对应聘单位和应聘职位不了解，会导致你在面试过程中心里没底，处处被动。

［导师点评］对所应聘的单位和职位展开调查，对于报考事业单位的考生来说是一件必不可少的工作。

四、做好问题准备

考生进行一段时间复习之后，一定要多收集一些本地以往的面试真题，全方位了解面试中出现的各种题型，熟悉其答题思路，总结面试真题中各种题型的搭配情况，做到心中有数。

［导师点评］针对问题的类型以及社会热点问题提前加以准备十分必要，由于第二章和第五章进行了具体阐述，这里就不再赘述了。

第二节　面试临场准备

一、调整好面试心态

(一)克服自卑心理

自卑是个人对自己评价偏低的一种心理倾向。克服自卑的关键在于增强自信心，心中要树立“没问题，我肯定能行”的信念。

(二)避免期望过高

在面试过程中，这类面试者表现出居功自傲、盛气凌人、目空一切、舍我其谁的态势。期望值过高、过于自负的面试者往往事与愿违。克服期望值过高的办法是参与社会生活，拉近与现实生活的距离，提高自我评价能力与适应能力。

(三)调整依附心态

依附心态指面试者一味迎合、顺从主考官的意志，对考官言听计从，甚至言谈举止都与主考官保持一致。产生依附心态的根源在于缺乏个性、无主见等。

(四)克服表现心理

表现心理指面试者主动展示自我的一种倾向。表现心理过强的面试者可能会出现主动与考官握手、抢答问题、言语过多等不恰当的行为。

(五)克服畏惧心理

畏惧心理指面试者因处于被评价地位而产生的害怕主考官的倾向。具体表现为紧张、惊慌、不安、怯场等现象。面试者的畏惧心理会随着年龄和经历的增长而减弱。

(六)消除戒备心理

戒备心理指面试者与主考官之间因彼此陌生而出现的心理上的距离感。具体表现为过于拘谨、疏远、不愿说心里话等。

(七)克服掩饰心理

掩饰心理指面试者企图掩盖自身缺陷的倾向。具体表现为回答问题方面的答非所问，言谈举止方面的神色不安、抓耳挠腮等。

（八）消除怀疑心理

怀疑心理指面试者对面试过于敏感或多虑的倾向。具体表现为对考官的警惕性、对面试过程的敷衍态度以及对面试得分过于关注。主要原因是对面试本身的公正性持怀疑态度，或是个性方面的原因，如缺乏自信、性格内向、顾虑多疑等。

［导师点评］从某种意义上说，基本上所有参加面试的人员都在一定程度上存在上述一些心理方面的问题，这是一种正常现象，考生不必过于担忧。只要在平时训练的过程中有意识地加以调整即可。

二、保持好面试形象

（一）仪表端庄得体

（1）发饰。即务必保持合乎规定的发型，千万不要油头粉面。

（2）服装。男士最好穿颜色较深且有衣领的上衣，给人一种稳重、成熟的感觉；女士最好穿比较正统的套装。

（二）仪态庄重规范

（1）立姿。双脚对齐，脚尖适度分开，上身挺直，双臂自然下垂，头部摆正，嘴巴闭起，眼睛正视前方。

（2）坐姿。椅子尽量坐深一点，双脚对齐，脚尖适度分开，上身挺直，双手呈半握状，自然置于桌面上，头部摆正，嘴巴闭起，眼睛正视前方。

（3）立姿行礼。先保持正确的立正姿势，眼睛注视着正前方，上身稍向前倾，双手自然垂直，庄重地点头行礼，然后恢复到原来的姿势。

（4）起立的动作。起立时的动作，最重要的是稳重、安静、自然，绝不能发出声音，要保持宁静。

（5）走路姿势。走路时，上身应保持正确的姿势，双手不要过分摆动，双膝不要太弯曲；脚不要过于分开，也不可用拖拉的方式走路，脚步声不要太重；不要东张西望，小心不要踩到或碰到东西，也不要任意跨越放置物。

（6）开门与关门。进入面试场前，绝不能忘记敲门，通常为连续二、三次，等门内有了回应，再推门进去。至于开门的方法，用靠近门的手握住门把，边打开门边进入房间，而后，转过身来，换另一只手将门轻轻关上。

（三）体态语言正确

（1）手势语。在揭示人的内心活动方面，手势语极富表现力。如：双手相绞，显得人精神十分紧张；十指交叉，叠放在一起，常给人一种漫不经心的感觉等等。双手的放置与活动要符合规范。

(2)微笑语。微笑必须真诚、自然、适度、得体、恰到好处,当笑则笑,不当笑则不笑。

(3)目光语。通常而言,正视表示庄重,斜视表示轻蔑,仰视表示思索,俯视表示羞涩等。视线飘忽不定,给人的印象是心不在焉或心虚,视线向下,则表示害羞、胆怯、伤感或悔恨,视线向上,是沉思、高傲的反映。

[导师点评] 考生只要高度重视,严格对照规范操作,不随意不随性,平时多注重训练即可。

三、做好面试入场准备

(一)做好物质准备

主要是准备好面试时所需的必要的随身携带的物品,如中性笔、手表等,但忌讳佩戴戒指、手链、耳环等各种饰物。

(二)做好身体和精力准备

现在一般都采用集中面试方式进行,考生往往比较多,需要候考的时间可能会比较长,因此,考生要注意做好身体和精力准备。

(三)做好问题准备

反复阅读自己的个人简历,对其熟记于心,面试时你就能向主考官侃侃而谈你的资格和能力,就能非常自信地推销你自己。

[导师点评] 一是要按照要求携带必要的考试工具以及对自身习惯有影响的物品;二是严格按照自己平时的生活习惯起居,切忌改变平时的作息规律,以免休息不好,严重影响自己的精神状态;三是要注意多准备一些个性化的客观素材,以备考试之需。

第三节 面试过程准备

一、快速适应面试环境

能否迅速适应面试环境,将直接影响你在面试中能否发挥正常水平,为此,你有必要对可能面临的面试环境有更加全面、准确的预测,不要把面试环境事先在脑子里规定好,而要根据现实场景随机应变,迅速适应现实存在的面试环境。这主要涉及面试的地点是开放式的还是封闭式的,面试所采用的方式,面试专家的结构(包括年龄、性别、专业)等各个方面。

[导师点评] 一是平时多注意训练如何面对不同的场景;二是建议最好提前到考场熟悉情况,做到心中有数;三是到达现场时要善于用余光迅速把握考场的基本布局。

二、把握见面的礼节

（一）提前到达考场

一方面，最好提前10分钟到达，可稳定情绪、检查仪表，在面试前5分钟到达考官办公室；另一方面，不要过早到达面试地点，以免使人焦急。

（二）礼貌进入考场

到达面试地点后，切不可贸然而入，进门前一定要有礼貌地通报负责面试的工作人员，然后敲门进入或者在引导员的指引下进入考场。

（三）使用恰当的称呼

打招呼离不开对对方的称呼，有时候打招呼本身就是以称呼的形式出现的，在面试过程中及结束告别时都会多次涉及称呼问题，在面试这种庄重的场合，称呼必须正确而得体。

（四）把握见面握手的分寸

一般情况下，机关事业单位招考面试中很难出现握手的情形，但如果遇到，就要把握必要的分寸与尺度了。首先是握手的姿态。握手时，右手手掌处于垂直状态，轻握对方的手指，身体略微前倾。面带微笑，目光正视对方，显得热情大方；其次要注意伸手的顺序。社交场合的一般规则是，应由主人、年长者、职务高者、女性先伸手，客人、年轻者、职务低者、男性需要对方伸手出来后再握，切不可先伸手去求握；再次是握手的力度要适当。以紧而不捏痛为宜，握得太紧，或握不住对方的手，只是几个手指头和对方的手指头接触一下，都是失礼的行为。

[导师点评]一是要注意合理的称呼，一般建议使用“尊敬的各位评委或专家，大家上午或下午好！”；二是建议先说敬语，再行礼；三是要注意把握好节奏，说话时不敬礼，敬礼时不说话。

三、消除面试紧张情绪

（一）眼睛放松法

当你在场外等候时，不妨眼睛微闭，注意力集中在两眼中间的印堂穴上，然后口中轻念“眼睛放松，眼睛放松”，开始时速度快一点，然后渐渐放慢，这样可以使你的眼睛逐步处于松弛状态。

（二）握拳放松法

由于心情紧张会带来肌肉紧张，这时干脆来个“以毒攻毒”，双手紧握拳，然后放开，再紧握，再放开，同时，脚掌也作“收缩—放松”的动作，手脚并用，效果最好。连做20次，就可能获得消除紧张的良好效果。

（三）深呼吸放松法

人的心情紧张时，呼吸的节奏会加快，这时如能连续做深呼吸，就可消除紧张，深呼吸要一次一次慢慢做，最好用腹式呼吸法。

（四）大声地说几句礼貌的话

通常情况下，当人心理紧张时大声说上几句话，会缓解一下紧张的情绪。

（五）回答问题尽量放慢速度

不管是谁，一旦紧张起来，说话就会像打机枪一样，速度极快，而且说得越快，就越紧张，造成恶性循环。因此要控制好自己说话的速度。

（六）句尾加重发音，说清楚明白

紧张时，容易使句尾含糊，给人一种有气无力的感觉，如果你反其道而行之，加重句尾发音，说得缓慢响亮，有助于消除紧张。

（七）如实说出自己心情紧张

通过这种自我解嘲的方法，往往也可以达到消除紧张的目的。

（八）眼睛对着对方的额头

若两眼盯着考官的双眼，自然感到紧张，低着头或东张西望，又给人一种不沉着的感觉。最好的办法是：面对考官坐下后，脸对着考官的眼睛，但目光却落在考官的额头上，这样既可以给考官一个专心听讲的良好印象，又会缓解自己的紧张情绪。

[导师点评] 这些方法没有一定之规，也没有刻意的要求，只要觉得比较适合自己的习惯，就建议适当加以训练，使自己在面试过程中能够保持自然即可。

四、注意有效倾听

（一）要保持耐心

即使对一个你知之甚多的普通话题，出于尊重也不能心不在焉。面试的目的在于让对方了解你、信任你、接受你，而不是与对方比较高下，所以要尽量让对方把话讲完，不要不顾对方的想法而发挥一通。

（二）要保持专心

应试者应全神贯注，始终保持饱满的精神状态，专心致志地注视着对方，以表明你对他的谈话感兴趣。在对方谈话过程中你要不时地表示听懂或赞同。

（三）要保持细心

就是要具备足够的敏感性，善于从对方的话语中找出他/她没有表达出的意思。

[导师点评] 一般情况下，机关事业单位面试中，除了有时会有考官念指导语时的情况，才会出现需要你倾听的情况，考官基本上不会讲话，主要是听考生发言。考生在听指导语时要把握三个关键点：一是要听清楚准备时间和答题时间分配；二是要听清楚是否可以在题本上作答；三是答题时间快到时是否有语言提示或举牌提示。

五、熟悉交谈礼节

（一）注意细节问题

主要表现包括：有主考人员请你入座之前，不要随便坐下，否则被视为傲慢的表现；在面谈中，身体稍向前倾，以表示对谈话感兴趣和重视；不要斜靠在桌子上或懒散地伸出四肢躺在椅子里；不要窥探主考人员的桌子、稿纸或笔记本；不要与主考人员过分亲密和将他们视为知己；避免不雅行为。

（二）自我介绍的礼节

首先要克服羞涩；其次是在介绍自己的时候，应实事求是地把优点、特长说充分，切忌夸夸其谈、言过其实；再次要注意繁简。

（三）聆听的礼节

一是要专注有礼。每当主考人对你提问或介绍情况时，你的目光应保持注视对方以表示专注倾听。二是要有所反应。我们强调要专注聆听，但并不是完全被动地、静止地听，而是要不时地通过表情、手势、点头等，向对方表示你在认真地倾听。三是要有所收获。聆听是捕捉信息、处理信息、反馈信息的需要。

（四）谈吐要文雅得体

面试时，要注意谈吐文雅，讲究文明礼貌。一是要尊重他人；二是要赞美他人；三是要多用敬语、敬辞；四是语音语调要平稳柔和，抑扬顿挫得当。

[导师点评] 最需要考生注意的一点是，在机关事业单位面试中，考生完全处于被评价的地位，因此在举手投足与表达过程中，一定要充分体现出对评委的尊重。

第四章　面试强化部分：模拟操练

第一节　结构化面试的考情分析

一、结构化面试的基本考情

结构化面试的基本考情见表 4.1。

表 4.1　结构化面试的基本考情

试题类别	试题特点	题量及答题时间	面试作答方式
普通结构化	主要有两种情况：一是所有题目之间没有任何逻辑关系；二是所有题目都围绕一个主题设置，或题与题之间存在逻辑关系	题量以 3~4 题为主，一般情况下，3 道题目的作答时间为 10 分钟，4 道题目的作答时间为 20 分钟	作答方式因部门不同而有所区别，主要采用无题本考官读一道答一道的作答方式。也有部门采用的是有题本考生自己看题的作答方式
材料结构化	所有题目都是由同一则材料引出的，即每个问题都与材料密切相关	背景材料后设置 3~4 道题目，其中四川省一般为 3 道题目，其他地方一般为 4 道题目。看材料时间为 10~15 分钟，答题时间为 15~20 分钟	作答方式因部门不同而有所区别，一般情况为考生在候考室看 10~15 分钟材料，然后到考场内依次作答
普通结构化 + 小材料题	以上两种情况的混合体，即部分问题与问题之间没有任何逻辑关系，也与材料没有关系，还有部分问题直接由材料引发	中央党群及国家行政机关为“4 道普通结构化 +1 道小材料题”，其他系统为“3 道普通结构化 +1 道小材料题”。答题时间为 20~25 分钟	一般情况下普通结构化面试题目由考官读题、无题本，小材料题场内有材料题本，无问题，提供纸笔，看材料的时间为 1~2 分钟，然后考官读问题考生回答

[导师点评] 无论是采用普通结构化还是材料结构化的面试，如果要求考生回答 3 道题，一般是考生先准备 5 分钟，然后作答 10 分钟；如果要求考生回答 4 道题，一般是考生先准备 5 分钟，然后作答 15 分钟。

二、结构化面试的基本题型

（一）普通结构化面试题型

普通结构化面试就是要求考生直接回答多个单一问题。命题者严格根据职位的素质要求，合理选择必要的测评因素，编制成一套完整的试题，题与题之间一般没有任何逻辑关系，但能够相互印证，考查考生的综合职业素养。下面以 2022 年 3 月北京市某单位公务员面试试题为例加以说明。

面试指导语：你好，祝贺并欢迎你参加今天的面试，今天的面试共有 3 道试题，准备和回答的时间共计 15 分钟，每题不单独计时，第 14 分钟，计时员会向你提醒时间。你可以选择按顺序或不按顺序回答，但必须表明回答的题目和是否回答完毕。面试试题放在桌子上，不要在试题上涂写，另有一张白纸，供你使用。请认真准备后开始回答，工作人员开始计时。

（1）近年来，在我国老龄化背景下，很多老人想通过学习提升自己，但老年大学“一座难求”的现象却将许多老年求学者挡在了门外。对于这个问题，你认为应该怎么解决？

（2）你是商务局工作人员，你单位要举办一个“老字号”历程展，宣扬其中蕴含的红色基因。如果这项工作由你负责，你会怎么组织？

（3）你是某单位的工作人员，现在其他单位需要借调你去帮忙，而且你的领导没有明确表态让你去或不去，你自己原本的岗位就有工作需要处理，借调的岗位也有工作需要处理，这会让你非常累。你应该怎么办？

（二）材料结构化面试题型

材料结构化面试就是要求考生结合给定材料回答多个问题。命题者要求考生结合一则材料，围绕材料的主旨回答彼此不相隶属的几个问题所构成的一整套编制好的试题，以考查考生是否具备拟任职位所需的综合素养。下面以 2022 年 3 月北京市某单位公务员面试试题为例加以说明。

给定材料如下。

近年来，为更好地解决电动自行车充电安全问题，各地陆续出台系列政策引进智能设备，保证各小区用电安全。A 市出台了《电动车安全使用管理规定》，还成立了巡查组。

巡查组到 F 社区发现，居民刘大爷居住在 F 社区，这是一个老旧小区，该小区没有空闲地方建设充电柜，附近的充电柜距离较远。刘大爷每天都要接送孙子上下学，周末还要送孙子去博物馆，由于嫌充电柜位置太远，不方便，故仍旧将车推进楼道内充电。社区的工作人员小成也表示这个很难管理，老旧小区规划不到位，也没有地方再去建新的室外车棚。

也有 B 社区居民反映室外虽然有充电桩，但是插口不适配，老人也不会扫码使用，并且充电费比在家充电要贵很多。

在充电柜推广的过程中，存在居民不太愿意配合、很多居民反映充电扫码设备不太好用、有的老年人不会使用、相关宣传普及也不到位、智能充电柜价格偏高、一些老旧小区未安装等问题，这些都对充电柜的普及造成了影响。

请根据上述材料回答以下几个问题。

（1）为了保证电动车辆的安全使用，各地出台电动车管理办法，但实际推行效果并不佳，你怎么看？

（2）单位计划开展一次安全教育宣传活动，借此提升居民安全使用充电柜的意识，如果领导安排你来组织，你将如何开展？

（3）工作人员小龚把刘大爷放在楼道里的电动车推走，刘大爷着急接孙子，找不到车，到居委会大闹，不料引发了身体不适的现象，假如你是社区负责人，你会如何处理？

第二节　结构化面试的应答程序

通过多年实践总结出，结构化面试答题宜遵循“三大要领，八项注意”的答题程序，这样可以让考生有章可循、有矩可导，从而轻松面对考试。

一、要领一：明确结构化面试的本质内涵

（一）注意事项一：认清本质

面试的目的是进入国家机关，首先应充分认识机关；其次要认识到面试具有模拟机关工作的特性，即通过面试能测试出考生是否适宜在机关工作；最后是要认识到面试所体现出的各种表达方式，即考查考生是否善于运用机关语言进行沟通。

（二）注意事项二：熟知标准

面试作为一种专业性很强的活动，在组织实施过程中的每一个环节都有着明确的指向性，这就要求考生必须熟知结构化面试的各项测评要素。可以说，测评要素是结构化面试的灵魂所在，所有的面试活动都是围绕测评要素进行设计和展开的。因此面试者必须紧紧围绕测评标准进行各项面试准备工作。

二、要领二：深谙结构化面试的操作流程

（一）注意事项三：注重仪表

考生的仪表主要通过体型、外貌、气色、衣着举止、精神状态等方面体现出来。就发饰而言，一般来说，在面试期间，务必保持合乎规定的发型，千万不要油头粉面。男士切忌染发且保持发型长不盖住耳朵，短不至于看到头顶的头皮为宜；女士不宜将头发染成不合大众的色调，更不能扮成怪异的发型。就服装来说，男士最好穿颜色较深的衣服，给人一种稳重、成熟的感觉；女士最好穿套装。就精神状态而言，实践中总结出来的几项基本的检测标准包括：一是看考生在面试过程中是否能保持注意力高度集中；二是看考生在面试过程中生理体征是否有明显反应，如是否出现因紧张而发热等症状；三是看考生在面试结束后头脑是否清醒。如考生在面试中注意力集中、生理体征反应正常、面试结束后对面试过程记忆清晰，表明考生表现出了良好的精神状态，充分展示了自身的潜能，反之则表现不佳，而不能仅仅以

分数的高低来看考生的表现。

(二)注意事项四:礼貌出入

面试作为一项专业性活动,必须注重基本的礼节,这既是专业性要求,也体现了考生对面试的重视和对考官的尊重。进入面试场所前,绝不能忘记敲门,通常为连续二、三次,等门内有了回应,再推门进去。至于开门的方法,用靠近门的手握住门把,边打开门边进入房间,而后,转过身来,换另一只手将门轻轻关上。除非有专门的引导员带领你进入面试场所,才可省略以上环节;进入指定位置前应在完全面向考官的地方向考官点头鞠躬致礼,并注意好敬礼的频次与幅度,若评委坐在不同方向的位置,应向每个方向的评委敬礼,且只需轻微点头鞠躬,否则可能会导致脑部供血不足,引发头晕等现象,从而严重影响正常发挥;到达指定位置后向考官问候,如"尊敬的各位评委或专家,大家上午或下午好!我是 × 号考生";回答问题过程中应向考官进行明确示意,如"我的第 × 道问题回答完毕,下面回答第 × 道问题"或"我的问题全部回答完毕,谢谢各位评委或专家";回答完毕后礼貌退出,并服从考官或其他工作人员的安排。

(三)注意事项五:掌控过程

考生在整个面试过程中应掌控好各个环节,避免一些意外事件的发生,保证每一个步骤都能顺利进行。面向考官时,注意处理好视线,要始终能正视前方,但又不能盯住评委,要达到目光中有人,心中无人的境地。

三、要领三:通晓结构化面试的答题方法

(一)注意事项六:合理引入

面对任何问题,考生都不能简单地就事论事,而应将这一问题置于所处的大环境中去考虑。即我们在面试培训实践中所说的"戴帽子",下面以结构化面试中经常出现的压力性问题或沟通技巧问题为例加以阐释。如"你撰写了一个工作方案,你们领导不仅没有采纳,反而讽刺你。对此,你怎么想?怎么办?"面对问题,首先要能破题或表态,我们可以作如下回答:"我的方案没有得到采纳,反而受到讽刺,心中难免有一丝委屈,但我认为:一个人的工作不可能一帆风顺,遇到问题不怕,关键是看我们怎么正确对待它。"

(二)注意事项七:分层展开

在揭示问题的本质后,须对问题进行全面展开分析,在分析过程中要注意以下几个方面的问题:一是分析的全面性,即该问题涉及几个层面的问题;二是分析的明确性,每一个问题都应旗帜鲜明地表明自己的观点;三是分析的逻辑性,应按照观点、制度、操作、事例等几个逻辑层次有序展开陈述。如对上面的问题,可以设计出如下回答思路:"我将从以下几个方

面处理好这件事情。首先，我会保持不急不躁，以平和的心态处理好这件事；其次，多找主观原因。冷静后，我会认真分析原因，并进行反思，看是方案的问题，还是自己平时工作方式、方法不妥及其他问题，引起领导对自己的看法和误解；再次，找准原因后，如果是方案的问题，我会进一步调查研究，完善方案；如果是自身的问题，要克服问题、完善自我，同时会在适当时机采取适当方式，主动向领导汇报思想、认识不足。”

（三）注意事项八：精练小结

将主要问题回答完毕后，还应对自己的回答进行小结，重申自己的观点，并能和当前的主题教育结合起来，使中心得以深化，同时发出号召，具有一定的感染力。如对上面的问题，可以设计出如下回答思路：“最后，我不会因为方案没有被采纳反而受讥讽而影响自己的工作积极性，今后一方面要继续努力工作；另一方面要克服不足，完善自我，做一名组织放心、领导信任、群众满意的公务员。”

第三节 结构化面试的真题训练

一、国家公务员考试面试真题

此部分提供2022年中央国家机关公务员考试面试真题，供考生强化练习。

试题1：2022年中纪委面试真题（1月26日）

（1）你看了《零容忍》系列电视专题片吗？请你谈谈《零容忍》系列电视专题片的重要意义。

（2）习近平总书记1月11日在省部级主要领导干部学习贯彻党的十九届六中全会精神专题研讨开班式上发表重要讲话时强调：“……不论谁在党纪国法上出问题，党纪国法决不饶恕……党风廉政建设和反腐败斗争永远在路上，一刻也不能放松，要以抓铁有痕、踏石留印的坚韧和执着，继续打好党风廉政建设和反腐败斗争这场攻坚战、持久战。”请谈谈对习近平总书记重要讲话的理解。

（3）谈谈你为什么报考中纪委？

试题2：2022年国家出入境边防检查总站面试真题（2月18日）

（1）为深入贯彻党的十九大和十九届五中全会精神，切实提升学校育人水平，持续规范校外培训（包括线上培训和线下培训），有效减轻义务教育阶段学生过重作业负担和校外培训负担，2021年7月开始，全国各地响应中央号召纷纷推广落实“双减”政策。但对于“双减”政策，当前部分家长和社会上有一些观点，请对以下观点逐一进行反驳。观点一：“双减”之后，当前的状况是成绩好的孩子“吃不饱”，成绩差的孩子“学不上”；观点二：“双减”之后，升学压力依然存在；观点三：培训机构减少了，但也减少了相应的就业岗位。

（2）你是边检站的民警，单位准备组织帮扶村的学校学生和单位民警子女开展一次夏令营活动,以丰富他们的暑假生活。为了减少孩子们之间的陌生感,使夏令营的氛围更加融洽,开展得更加成功,领导让你负责组织夏令营前的见面活动,你怎么安排?

(3)上级领导来你单位调研,因为有工作和精神要传达,所以临时组织了会议,并在会议上发表讲话。会议后,领导让你在1小时内整理出上级领导的讲话重点,但是上级领导口音重,你没有完全听懂,你如何开展工作?

(4)你是边检站的副队长,分管休假审批。你的队长是一个雷厉风行的人,经常帮别的同事进行审批,而同事也没有跟你进行报备,队长也没有跟你同步休假信息,从而对工作产生了影响,你该怎么跟队长进行沟通?请现场模拟。

试题3:2022年国家出入境边防检查总站面试真题(2月19日)

(1)EDG夺冠,网络游戏英雄联盟再次火爆,有人认为网络游戏也能当饭吃,有人认为沉迷游戏,玩物丧志。对此你怎么看?

(2)边检站录制了英语视频,给定点合作的学校作为英语教材,但是师生普遍反映视频没有新意,领导安排你重新录制英语视频,你会怎么做?

(3)你们单位要开年终表彰大会,有六名领导颁奖,六人一组上台领奖,现在有一名领导因故离开,无法继续参加。你作为大会负责人该怎么办?

(4)你单位要抽取三位业务骨干参加业务竞赛,小张要准备婚礼,小李要装修新房,老王要接送孩子,此次竞赛需要大量时间准备,他们都不愿意参加。你会先选择哪个谈话,动员他们参加?简要说明理由,并现场模拟。

试题4:2022年国安部面试真题(2月23日)

(1)党的十九届六中全会将“坚持胸怀天下”作为中国共产党百年奋斗的十条历史经验之一。对于“胸怀天下”,你怎么理解?

(2)谈谈你对这幅漫画的理解。漫画内容:A、B和C三个人同坐一艘船,A坐着不动,B在指责A,C在往下面扔东西。

(3)你和同事关系不是很好,但是你们又要经常合作,你怎么办?

试题5:2022年国家税务总局面试真题(3月6日)

(1)在疫情防控还有动态清零大背景下,有很多的税务人员要参与社会的一个防控工作,有人质疑这样会影响他们的本职工作,请问关于这点你怎么看,在工作过程中应该注意什么?(3分钟)

(2)你们参与一个小区的疫情防控工作,然后有现场工作组、信息组、综合组,每个人有不同的需求并且中间有矛盾,请通过21分钟的讨论达成一致。

(3)达成一致之后,每个人2分钟总结自己之后回去完成的工作。

第1题的作答顺序是CBA。

第2题的作答顺序先是ABC,后面随意发言。

第3题的作答顺序是BAC。

试题6:2022年国家税务总局面试真题(3月8日)

(1)从以下备选词中选出3个词,组成一句话,结合青年税务工作,联系自身实际,谈谈你的理解。

①忠诚;②伟大时代;③栋梁;④理想信念

⑤担当;⑥实践;⑦底线;⑧原则

⑨本领;⑩责任;⑪奋斗

(2)习近平总书记在2022年新年贺词中提到"无数平凡英雄拼搏奋斗,汇聚成新时代中国昂扬奋进的洪流",以"寻找身边好人好事——向平凡英雄学习"为主题,拟定两个活动,并就其中一个谈一谈如何组织?

(3)某税务局办一个省外高级研修班,时间为期一个月,单位员工积极报名,但是只有一个名额。四个人报名参加。

①老张。老张单位有一项重要工作要完成,这次培训第一个报名,培训热情很高,但平时工作很忙。

②刘科长。刘科长刚被提拔为科长,有业务培训的需求。

③小李。税务考核第一名,单位有获奖人员优先培训的规定。

④小丁。税务局的兼职培训讲师,但是科室有人生孩子请产假,他走不开。

答题规则:C+A, A+B, B+C,两两搭档,双方均需要发言沟通。考生选取上述四个人之一为"沟通方",配合的考生身份为"王主任",不仅沟通方要答题,被沟通方也要说话。限时4分钟,需要双方考生站立作答。

试题7:2022年国家税务总局面试真题(3月9日)

(1)2021年有很多难忘的中国声音、中国瞬间、中国故事。"请党放心、强国有我"的青春誓言;"清澈的爱、只为中国"的深情告白;"祝融"探火、"羲和"逐日、"天和"遨游星辰;运动健儿激情飞扬、奋勇争先;全国上下防控疫情坚决有力;受灾群众守望相助重建家园;人民解放军指战员、武警部队官兵矢志强军、保家卫国……请以《2021我为××而流泪》为题,谈一个感动自己的故事,并展开阐述。

(2)市税务局将开展"税务执法服务、高质量经济发展"的会议,有以下10项工作重点:

①确定会议主题;②策划会议方案;

③会议信息化公示;④发布会议通知;

⑤确定参加人员;⑥会议的统筹安排;

⑦归档会议资料;⑧会议工作人员安排;

⑨维护会场秩序;⑩形成信息报道。

选3条你认为的工作重点(可阐述以上10条中没有的内容),并结合其中一条详细展开进行论述。

(3)小张是银行的业务经理,老王前来到银行办理纪念币兑换的业务,但是因为出现电子故障,工作人员让他到窗口进行办理,到窗口办理时,工作人员又说,前面办理存款的人是先来的，老王又比较着急，因为车就停在门口的车道上，可能会被罚款，老王就一直催促，要求提前办理，工作人员不给办理，当老王出门的时，发现被贴了 200 元的罚单，老王很生气，认为工作方式不合理，想要投诉工作人员。

答题规则：C+A，A+B，B+C，两两搭档，双方均需要发言沟通。考生作为小张，为“沟通方”，配合的考生身份为“老王”（被沟通方）。不仅沟通方要答题，被沟通方也要说话。交替答题，不允许全程一人说话，限时 4 分钟，需要双方考生站立作答。

试题 8：2022 年国家税务总局面试真题（3 月 10 日）

（1）根据漫画拟两个以上的标题，并就其中一个标题联系实际进行阐述。

巅峰，不在一万英尺（1 英尺 =0.304 8 米）
的边缘，而在信念与汗水的狭缝之间。

（本题的漫画取材于 2016 年 7 月 14 日的《四川日报》，考场漫画没有图中的文字）

（2）春节放假期间，你作为税务局青年人员，给税务局退休老干部组织策划一天的“一对一、老对青”活动，体现组织对退休老干部的关心，学习老干部无私奉献的精神，给他们特别的一天，你怎么组织安排？

（3）学校要到当地的体育馆开展足球竞技活动，并要邀请专业教练对学生进行指导，你是教育局的小张，前期联系时遇到了 3 个问题：

①场地面向公众出租开放，大多数已经租出去了；

②体育局教练要带省队备战省运会，教练忙于对运动员的指导；

③要来练习足球的青年人太多了，体育局不太能够满足所有需求。

你是教育局的小张，与体育局的王科长联系，进行情景模拟。

答题规则：C+A，A+B，B+C，两两搭档，考生作为小张，为“沟通方”，配合的考生身份为“王科长”（被沟通方）。双方都要发言，交替答题，不允许全程一人说话。限时 4 分钟，需要双方考生站立作答。

试题 9：2022 年国家税务总局面试真题（3 月 11 日）

（1）税收工作高质量发展离不开高效率的团队，从以下几个因素当中选择两个最重要的进行论述。

①责任明晰；②激励成长；③团队精神；④共同愿景；⑤领导奖励；⑥严格选拔；⑦职责清

晰；⑧信任授权；⑨健全制度；⑩领导表率

（2）“躺平”是2021年十大流行语之一，为了纠正“躺平”思想、激发青年干部工作活力，你们单位团委把这项工作交给你，请你提出两个活动形式，选择一个具体说明。

（3）你们单位准备开展为期三天的税收政策进企业活动，去企业宣传税收优惠政策，但你的科长因公外出，我们拟选择一名同事去进行宣传。

小李是新人，经验不足，但是积极性很高想参加，但他有半天的会议。

小张能力挺强，了解相应的政策，但他要准备税务师考试。

小刘之前参加过很多类似的税务政策宣讲，但他有一项重点的项目要赶时间完成，可能协调不开。

请问你选择谁去进行宣传？说明理由。

试题10：2022年国家综合性消防救援队面试真题（3月11日）

（1）习近平总书记曾多次寄语新时代青年，强调广大青年一定要坚定理想信念。请结合岗位 谈谈你对理想和信念的理解。

（2）近年来，“驴友”不听劝阻，私自进入未开发区遇险被困、穿越无人区失踪等事件频频发生。对此，多地出台“有偿救援”的相关规定，如丽江市政府颁布了《丽江旅游管理条例》，安徽省黄山市文化和旅游局发布关于《黄山市山岳型景区有偿救援指导意见》征求意见函，都旨在将“有偿救援”规范化。针对“有偿救援”，有人说就该如此，很有必要，也有人说不好，你怎么看？

（3）单位内有两位同事，一位是老刘，经验丰富，工作细致，另一位是小陈，有激情，但是粗心，他俩在工作中产生了矛盾。你作为他俩的领导，你会怎么调解？请进行情景模拟。

（4）你单位组织在学校开展消防知识培训学习，并邀请专家举办讲座，但临开始前，你接到通知说专家出车祸腿受伤不能再参加讲座了，而此时，领导和学生都已入座等候了，你是负责人，你怎么做？

试题11：2022年国家综合性消防救援队面试真题（3月12日上午）

（1）2022年第24届冬奥会在北京成功举办，在整个冬奥会举办过程中，有很多彰显“更快、更高、更强、更团结”理念的成功实践。结合你自己今后的学习和工作谈谈你的看法。

（2）对于当下许多年轻人来说，有一种快乐来自消费，有一种焦虑也来自消费。一边被网络平台各种营销模式“疯狂种草”，一边又面对着满屋囤积的物品寻求“断舍离”。对于这种现象，你怎么理解？

（3）单位同事小王性格腼腆、内向，很难融入团队中，作为小王的同事，领导让你去解决这件事，你会怎么做？

（4）你和同事小李外出办事，在列车上遇到有一名乘客抽烟，你的同事小李上前阻止，可乘客不但不听，反而说又没有因为自己抽烟导致停车或者安全事故，还说小李是多管闲事。对于这种情况，你会怎么处理？

试题 12:2022 年国家税务总局面试真题(3 月 12 日上午)

(1)现在有很多大学开设了非常规课程,例如:恋爱课、打牌课、减肥课等。有人认为是不务正业,大学课程应该严谨,也有人认为满足了学生的不同需求,具有创新思维。你怎么看?

(2)国家税务总局对于人才队伍建设提出了新的要求,你们领导让你对新进单位公务员进行培训,要从知识型向能力型转变,对于培训课程你如何设置?

(3)要建立美丽社区,小区居民私自加装防盗网,参差不齐、影响美观,你是物业小王,想要统一拆除防盗网以恢复小区原貌,业主小陈尤其不同意,他认为,防盗网能够保障小区安全,防止高空坠物,保护孩子安全,实用性强,你们物业无权拆除。你如何和小陈沟通,请进行沟通模拟。(互动模拟,将下一名考生当作小陈)

试题 13:2022 年国家税务总局面试真题(3 月 13 日上午)

(1)税务工作对激发市场主体活力,维护公平公正的税收法治环境,服务六稳六保,稳定宏观经济大盘,推动高质量发展具有重要意义,关于税务工作,请你自选两个你认为最重要的关键词,并具体展开论述。

(2)省税务局要开展稽查业务知识竞赛,你是市税务局的工作人员,领导让你负责安排本单位的参赛准备,单位同事提出以下几点想法:

A:组织一次海选

B:当前手头工作紧张,大范围海选影响工作,建议让业务骨干参与

C:挑选业务骨干,组成参赛队伍,加以培训

D:除了理论培训,还要有案例讲解和模拟训练

E:D 说的对,要从典型案例中挑选一两个,到现场看看

结合以上讨论,总结向领导汇报的要点。

(3)为了提高服务质量,快递公司客服部门王主管到居民小区调研。王主管从业主代表小莫那里收集到小区业主对快递公司的意见,具体如下:

A:前段时间出差,没取快递,快递被放到有偿储物柜,多花了一笔冤枉钱。

B:收到快递有破损,快递公司和商家互相扯皮,到现在都没有处理完成。

C:快递没有取到,但显示已签收,签收人竟然是“消防栓”。

D:儿子给我寄了部手机,但收到只有一个空盒子,索赔至今没有结果。

E:接受快递服务后常接到骚扰电话,存在个人信息泄露问题。

你作为沟通方(王主管),怎么与业主代表沟通?下一顺位的考生扮演被沟通方,进行互动模拟。

试题 14:2022 年国家综合性消防救援队面试真题(3 月 15 日上午)

(1)漫画:一位消防员给父母打电话说不回家过年了,父母坐在团圆饭前。请结合漫画谈谈你对消防队伍的认识,并拟定一个标题。

(2)当你是一个喜欢健身的人,你就会发现身边都是喜欢健身的人,当你是一个锱铢必

较的人，你就会发现周围都是锱铢必较的人……人们常常高估或夸大自己的信念、判断及行为的普遍性，在认知他人时总喜欢把自己的特性强加在他人身上，假定自己与他人是相同的，这就是虚假偏差同感。请对此谈谈你的理解。

（3）在与人相处的过程中，难免会发生意见不统一或者无法沟通的情况，你遇到过这种情况吗？请列举你的个人经历，并谈谈你是怎样做的。

（4）你支队联合社区开展消防安全知识讲座，讲座开始前10分钟，你发现志愿者发放的消防安全知识宣传资料中存在严重的问题，你作为负责人，此时会怎么办？

试题15：2022年国家综合性消防救援队面试真题（3月15日下午）

（1）有人说，想要成功不仅要有天纵之才，更要有坚定的信念。请谈谈你的看法。

（2）请观察下幅漫画，并谈谈你的理解。

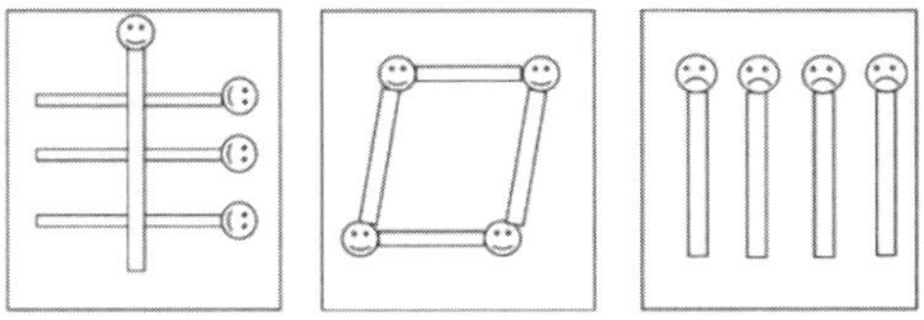

（3）单位要组织一个活动，领导让你去找某部门负责人帮忙，明明是举手之劳，对方却不愿意配合，推脱说没时间没人力，你会怎么和他沟通？请你把考官当作这位负责人进行现场模拟。

（4）单位组织了一场比赛，一位同事得了第二名，因此情绪很低落，并且抱怨比赛不公平，如果你是比赛的负责人，你会怎么办？

试题16：2022年国家综合性消防救援队面试真题（5月26日）

（1）马克思在《青年在选择职业时的考虑》一文中写到，"如果我们选择了最能为人类福利而劳动的职业，那么，重担就不能把我们压倒，因为这是为大家而献身；那时我们所感到的就不是可怜的、有限的、自私的乐趣，我们的幸福将属于千百万人，我们的事业将默默地、但是永恒发挥作用地存在下去，面对我们的骨灰，高尚的人们将洒下热泪"。请结合消防岗位谈谈自己选择这个岗位的原因和追求。

（2）当前各种短视频APP（手机应用软件）非常火爆，在短视频APP上，经常能看到一些主播带你"五分钟看完一部电影"，两分钟介绍一部短片，或是多个主播换汤不换药反复演绎同一个"老梗"，90%的内容还存在雷同抄袭严重的情况，短视频正成为互联网知识产权侵权的最新高发地带。对此，谈谈你的看法。

（3）领导临时让你接手一个紧急任务，并且让小李辅助你完成工作，但是这项任务的原负责人出差了且忙于其他工作，暂时无法跟你对接工作，而且与你配合的小李因为手头工作量大且繁杂不愿意配合，你怎么办？

（4）你作为一项志愿活动的负责人，组织你们单位20名同志去特殊教育学校参加志愿服务，活动过程中有位患躁狂症的学生拿刀划伤了你的同事，此时，你怎么办？

试题17：2022年国家海关系统面试真题（5月28日）

（1）习近平总书记曾在不同场合多次谈到自己的读书经历，并站在治国理政的高度反复强调读书学习的重要性，还经常引用古语名言“劝学”“促学”。请你从下面习近平总书记曾引用过的古语名言中选择一句，结合自身学习经验，谈谈如何提高学习力。

①知之者不如好之者 好之者不如乐之者。

②青春虚度无所成，白首衔悲亦何及。

③人才有高下，知物由学。

④学如弓弩，才如箭镞。

⑤博学之，审问之，慎思之，明辨之，笃行之。

（2）疫情防控期间，海关高风险卫检岗位实行“14+7+7”封闭管理制度，所以一线关员不能正常回家，有些家庭因此出现无法接送孩子，家里病人无法照顾，居家买菜不方便等生活问题，而且有些同事因家属不理解，出现了孤独抑郁等情绪问题。为关心一线关员，领导让你组织系列活动，你会怎么开展？

（3）你是某知名高校的硕士毕业生，考上了某西部偏远地区基层海关岗位，但你学术能力强，导师想让你继续做科研，你与导师多次交流表示想去海关工作，由此和导师产生了矛盾。现在你将去工作，你会怎么与导师告别？请现场模拟。

试题 18：2022 年国家海关系统面试真题（5 月 29 日）

（1）家风是一个家族代代相传沿袭下来的体现家族成员精神风貌、道德品质、审美格调和整体气质的家族文化风格。良好的家风对于公职人员的职业道德建设至关重要。习近平总书记指出：“领导干部的家风，不仅关系自己的家庭，而且关系党风政风。”你认为什么样的家风能够对促进成为合格公务员起到重要作用，请列举两项并详细说明。

（2）海关计划在某小学开展禁毒宣传活动，并在活动现场进行缉毒犬搜毒、防暴犬搜捕涉毒人员等表演。领导要你牵头组织这项活动，组内成员老王工作细致，有活动组织经验，但是工作比较刻板；小张擅长技术，思维灵活，但执行力不强。你怎样领导团队开展活动？

（3）社区内有两户住户因房屋漏水问题引发了纠纷，楼上的住户要结婚了，房子正在装修，装修的过程中造成房屋漏水，使楼下住户的房子受损，楼下住户几次找楼上协商赔偿均无果。假如，你是社区工作人员，请谈谈你的沟通思路，并分别对楼上楼下进行模拟沟通。

试题 19：2022 年国家税务总局（四川）面试真题（6 月 12 日）

（1）某村要选优秀村支部书记，张书记的主要事迹是他年纪很大了，还在为乡村发展出力，因为身体不太好，犯了心脏病，但是他所在的村子发展并不好，成绩不理想，相比其他村没有可圈可点的地方，你认为张书记应不应该当选优秀支部书记？

（2）某市税务系统要组织税务技能比赛，赛前有各个税务局的风采展示环节，你认为这个展示环节需要做的重点工作有哪些？

（3）你手头上有一项任务，签订了保密要求在完成前不能公开，小敏作为新人，工作热情，想帮助你完成工作，但因为保密要求，你无法让她帮忙，小敏有点生气，觉得可能你不信任她，针对小敏这种情况，你怎么办？

试题 20:2022 年国家税务总局(四川)面试真题(6 月 13 日)

(1)党的十八大以来,我国持续实施减税降费政策,着力用政府收入的“减法”,来换取企业效益的“加法”和市场活力的“乘法”,放水养鱼,固本培元。请谈谈你对“三法”的看法。

(2)党的二十大是我们党进入全面建设社会主义现代化国家、向第二个百年奋斗目标进军新征程的重要时刻召开的一次十分重要的代表大会。为了迎接党的二十大的召开,你单位计划举办一场以“学党史 跟党走”为主题的读书分享会。领导将此事交由你负责,请你确定一个主题,并谈谈你将如何进一步有创意地开展此项活动。

(3)为了更好地体现政府对村民的关爱,让村民共享发展成果,促进社会和谐稳定,不断增强村民获得感、幸福感,政府提出了多项惠民利民福利政策。但是在政策宣传过程中,工作人员发现许多年轻人都在外务工,老年人对政策解读听不懂,也说不清楚自己的问题。如果你是村里的驻村干部,你将如何解决此事?

试题 21:2022 年国家税务总局(四川)面试真题(6 月 14 日)

(1)“互联网+个体经济”的创新组合催生了新个体经济。随着互联网、数字技术的迅速发展,涌现了微商电商、网络直播、在线知识服务、“宅经济”、视频 UP 主、网络代购、自媒体等新型个体经济模式,既包括“新就业创业”,也包括“新兼职副业”。“互联网+个体经济”极大地丰富了个体经济的内涵和外延,降低了创业的成本,国家多部门明确支持网店、直播、电商+行业的发展,对此,你怎么看?

(2)某地税务局举办一个线下组合式减税降费的宣讲会,活动当天只有少数企业参加。宣讲会结束后税务局进行了情况调查,了解到企业没有来的原因,有些企业说年初已经了解了新政策没必要参加;有些企业说企业没有具体情况发生不想参加;有些企业说这个活动不了解企业经营实际情况,参加了也没用。领导让你处理,你怎么办?

(3)税务局要拍摄一个宣传短片,展示税务部门风采,为此找了一个专业拍摄机构来拍摄,你作为负责人,你要怎么办?

试题 22:2022 年国家税务总局(四川)面试真题(6 月 15 日)

(1)当前,随着城市发展,建设标志性建筑成为城市构筑文化空间、树立城市形象的新选择。然而,当下我国很多地区在建设地标建筑时,存在照搬照套其他城市的成功做法的现象,而且还一味“贪大求高”,甚至追求世界之最。对于这个现象,你怎么看?

(2)为进一步增强税收普法力度,提升青少年税收法治理念,税务局准备与本地中学携手开展一场税收普法教育“云课堂”。假如由你负责这项工作,你会怎么开展?

(3)你是单位的工作人员,同事老王最近要参与先进个人的评选,他找到你表示想让你给他润色一下他的个人事迹,你会怎么处理?请情景模拟。

试题 23:2022 年国家海事局面试真题(6 月 16 日)

(1)在当前社会工作和就业压力逐年增大的情况下,更需突出个人能力素质的稀缺性以增强核心竞争力。你认为哪些素质对于工作更为重要?请按照以下提示在横线处补充内容,并详细阐述。

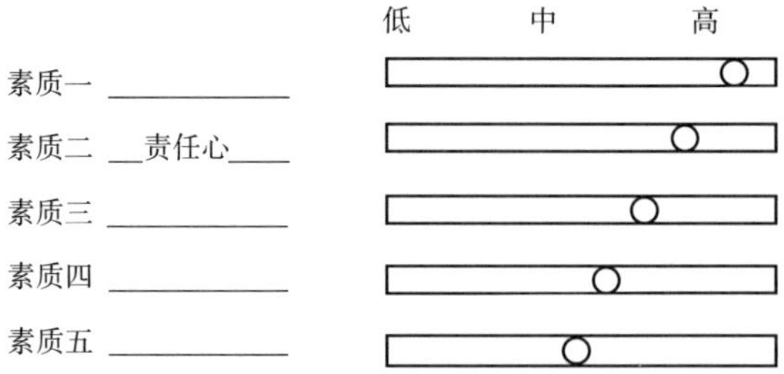

（2）为持续弘扬航海精神、传承航海文化，海事局准备组织一年一度的航海主题日活动，要求活动新颖，形式多样，作为活动的组织者，现有四位同事可配合你一同组织活动，以下是四位同事的个人优缺点雷达图，请结合图片信息选择三位同事作为你的组员。

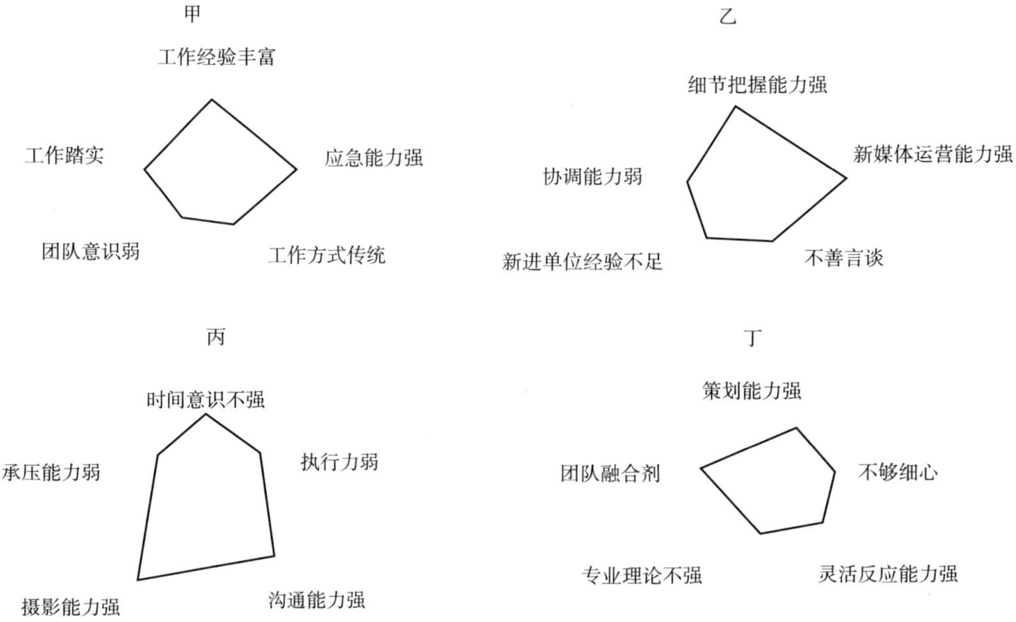

（3）在上述航海日主题活动组织中，由于你未选择 ×，于是他很有情绪，你会如何劝说他？请现场模拟。

（4）为响应国家对于快递包装实现减量化、标准化和循环化的要求，社区联合辖区内的物流企业推出了快递包装“绿色化”措施，进行快递包装的回收和循环利用，但很多居民对此措施不了解。现在社区打算对快递包装“绿色化”举措进行宣传，领导交由你负责，你会怎么开展工作？

试题 24：2022 年国家海事局面试真题（6 月 17 日）

（1）随着城市化发展速度加快，小区作为居民生活的基本场所和城市治理体系的末梢单元，成为城市基层治理的重要领域，小区中的民生问题更是成为和居民幸福感和获得感息息相关的大事。针对某老旧小区的居住环境改造问题，有居民提出一些意见，以下是四个高频反馈的意见，请你在四个意见中选择两个你认为最重要的问题，谈谈你的理由以及解决方案。

垃圾分类落实不到位。小区早在两年前就开始推行垃圾分类政策，但是由于部分居民不配合，至今政策都未有效落实。居民还是会将干湿垃圾、可回收垃圾等放在一起投放

小区的广场面积太小，且在广场上配置了一些体育设施，每天都会有人在广场上锻炼，又经常有小孩子在广场上跑来跑去，这样很容易发生磕碰事件，非常不安全

绿化带本是小区公共用地，用来美化小区环境的，但是部分居民私自占用绿化带种菜，还会进行施肥。一到夏天，这些地方就会散发出阵阵臭味，严重影响了周边的环境

最近，物业给楼栋更换了新的单元门锁，但是没有智能对讲功能和闭门器，有居民反映换了门锁后反而不习惯，因为取外卖和快递还要下楼，而且有时候单元门一直开着，也不安全

（2）你单位举办了一场专家普法讲座，线上和线下同步进行。在讲座当天的线下环节有一个参会的小孩在会场乱跑，撞倒了奖杯并且受了伤，于是家长和工作人员吵了起来，并质疑设备摆放位置不合理，导致现场秩序混乱；而在线上讲座过程中突然线上参与人数骤减。作为现场负责人，请参考会议安排流程图，谈谈你会怎么办。

8：30 线上 / 线下会议签到

⇩

9：00 主持人致辞会议开始

⇩

9：10—10：30 专家讲座

⇩

10：30—10：45 会议中场休息

10：45—11：15 互动问答环节

⇩

11：15—11：30 法治人物颁奖环节

⇩

11：30 主持人结语，会议落幕

（3）某城市出台一项规定：携犬出户时，犬只必须使用束犬链，犬链长度不得超过 1 米，并由成年人牵引；早上 7 点至晚上 22 点禁止遛犬，甚至对于遛狗区域也进行了限制。被网友称为“最严限狗令”。有些人认为这个规定很好，有些人则认为是浪费资源。对此你怎么看？

（4）为拓宽退役军人就业渠道，发展壮大船员队伍，服务国家战略实施，海事局和当地退役军人事务局联合启动实施“浪花计划”船员培训，支持退役军人就业。现海事局准备对这项活动进行宣传，请你拟定 3 个活动主题，并就其中一个主题展开谈谈。

试题 25：2022 年国家海事局面试真题（6 月 18 日）

（1）今年 6 月是全国第 21 个安全生产月，为有效提升社会公众和广大航运从业人员的水上安全意识，营造全社会广泛关注、积极参与水上交通安全治理的良好氛围，海事局计划在此期间组织为期一周的安全宣传活动。针对安全宣传周的活动组织工作，你组织了一个团队共同推进此项工作，以下是四位团队成员及活动的介绍，请问你会如何进行本次活动的分工，并谈谈你的具体活动方案。

（表一）

成员 A	孕期，工作细致，专业理论较强
成员 B	逻辑性强，做事条理清晰，但作为新人，经验尚浅
成员 C	文字功底好，比较内向，不善言谈
成员 D	思路灵活，在单位中主要从事新媒体宣传工作，做事计划性不强

（表二）

××海事局 20222 年度安全宣传活动计划

活动一	“海事主播讲安全”线上直播活动。对船舶水上安全航行、渡口渡船安全、商渔船防碰撞、油船装卸作业事故预防等方面的知识进行讲解
活动二	“安全警示教育”活动，向辖区渡口和旅游船负责人、船员及乘客进行安全提示，发放安全倡议书
活动三	线上事故预防安全培训。解剖相关单位在安全管理理念、日常教育培训、人员能力素质等方面存在的薄弱环节，并有针对性地提出安全管理建议
活动四	“船舶微课堂”活动。重点向小型加油船公司管理人员、船员和游艇从业人员宣传相关法律法规和安全作业知识，提高其安全意识和能力水平
活动五	水上交通安全“大宣讲”活动。水上交通安全知识进校园、进社区，向学生和社会公众普及水上出行安全知识

（2）单位组织一个关于疫情的专项调研活动，原定有五个同事和你一起参与这项工作，但现在因为特殊情况，要抽调出一个人去做其他工作，你会选择调离谁？后续工作如何开展？以下是工作和成员介绍：

工作一	问卷制作、发放、回收	成员 1	工作不够细致,经常因马虎出错,沟通能力强
工作二	调研前的宣传、各部门协调	成员 2	工作踏实认真,和同事关系一起
工作三	调研对象走访	成员 3	雷厉风行,追求效率,和其他人配合度低
工作四	现场实地考察	成员 4	具备数据统计分析能力,不喜欢发表意见,做事不灵活
工作五	数据整理、统计、汇总	成员 5	做事三分钟热度,想法很多,反应也很快

(3)如果在上述专项调研活动中,你选出调离的这个人对此次工作十分上心,也做了大量的准备,但却要被调派去一个偏远艰苦地区参加另一项工作,你会如何劝说他?请现场模拟。

(4)当前,智能化办公系统在企业中应用非常广泛,但出现了一些企业为了提高员工工作效率,利用智能技术对员工进行实时监测的现象。如监测外卖员、快递员的实时定位系统,监测员工工作时长的智能坐垫,在厕所安装坑位计时器等。有人说,这种方式好,有人说这种方式不够人性化,对此现象,请问你怎么看?

试题 26:2022 年中国气象局面试真题(6 月 18 日)

(1)鲁迅曾经说过:巨大的建筑,总是由一木一石叠起来的,我们何妨做这一木一石呢?我时常做些零碎事,就是为此。请谈谈你对这句话的理解。

(2)你所在的单位是当地气象局,近期单位打算对气象天文科普馆进行开馆试运营,需要联合当地的教育局和农业农村局共同推进这项工作,该项任务交由你来负责,你会做好哪些工作?

(3)你是某地基层的工作人员,领导安排你和同事小赵一起完成一项任务,然而他在做事的过程中粗心大意、一味求快,你给他提的建议他也不采纳,最终导致任务延迟完成。你会怎么与小赵进行沟通?请现场模拟。

(4)你所在的气象局和当地某个俱乐部联合举办亲子活动,需要登记参与活动人员的相关信息,然而在活动结束后,有参与的群众来到你们单位质问,声称接到要求付费的诈骗电话,怀疑是你们泄露了他们的个人信息。领导让你处理,你会怎么做?

试题 27:2022 年中国银保监会(计算机岗)面试真题(6 月 18 日)

(1)请作一个自我介绍,介绍中需包括学校、个人能力以及优劣势。

(2)数字经济是继农业经济、工业经济之后的主要经济形态,是以数据资源为关键要素,以现代信息网络为主要载体,以信息通信技术融合应用、全要素数字化转型为重要推动力的新经济形态。对于数字经济的发展,你怎么看?

(3)在单位中,你本来从事文字工作,现在想申请调到业务部门,你会怎么跟领导说?请现场模拟。

(4)请简述数据库索引技术的优点和缺点。

(5)Please talk about the things that have affected people’s lives the most, why?

试题 28:2022 年国家银保监会(计算机岗)面试真题(6 月 19 日上午)

(1)请作一个自我介绍。

(2)随着人脸识别技术的广泛运用,个人信息泄露、信息被盗取的情况时有发生。据相关报道称,在某些网络交易平台上,只要花两元钱就能买到上千张人脸照片。对此,你怎么看?

(3)全省农业信息化建设的加速和农村电子商务的发展,推动了农业大数据的发展和运用。为了摸查全省的农业数据,领导安排你做一次调研,你怎么开展?

(4)如何验证软件质量?

(5)简述数据备份方案。

(6)Which do you think is more important, career or family? Why?

试题 29:2022 年中国海事局面试真题(6 月 19 日)

(1)为推动实现高中阶段多样化发展,当前我国实施义务教育后实行"职业教育与普通教育协调发展"的教育政策,即初中毕业学生结束义务教育后,一部分学生通过考试进入普通高中学习,另一部分学生进入职业高中进行技术的提升。但对这项政策有些人不理解、不认同,以下是可能的出现不理解、不认同的原因,请对以下原因进行分类并做简要说明。

原因 1:社会对职业教育认同度不高,长期以来形成的"刻板印象"很难打破,职业高中"差生学校""工人学校"的标签难以撕掉。

原因 2:受当前就业形势和就业环境的影响,职业教育与本科教育在就业及升学方面存在较大差距,不少职校生都面临着"文凭通胀"。

原因 3:初中毕业生心性不成熟,还无法确定自己的兴趣和职业发展方向,过早分流会扼杀他们的兴趣,剥夺他们进行其他选择的可能性,从而影响到他们未来的发展。

原因 4:大量中职学校在教师队伍、管理模式、校企合作等方面不尽如人意,无法为学生创造一个良好的培养环境。

原因 5:职校学生普遍认为自己是后进生,不断强化"后进"的身份特征,逐渐形成学习成绩差、厌学情绪重、行为习惯差的集体特征和集体认知,并逐步堕化自身的行为。

(2)为提升渔民的捕鱼技术和安全意识,单位组织了一场活动,向渔民教授捕鱼技巧,并进行考试,但群众参与的积极性不高。以下是三个渔民的观点。

① 50 岁渔民,捕鱼经历 30 年,经验丰富,觉得没必要培训。

②本来是陪朋友来参加培训,原意是打发时间,不想考试。

③平时已经很忙了,没有什么时间再参与培训了。

你作为这项活动的组织者,请在以上三个人中挑一个人进行模拟劝说。

(3)有网友在你单位官网中留言,称海事局公开的海员适任考试题库的答案中有错误,留言引发广泛关注。领导交由你处理,你怎么办?

(4)离退休老同志是海事发展的参与者、见证者,是海事局宝贵的财富,为表达对他们在职期间无私奉献的致敬,单位准备为即将退出工作岗位的离退休老同志举办荣誉退休仪式。但是,老同志们都不愿意参加。你是这项活动的主办人,你会如何组织?

试题 30:2022 年国家海关系统(缉私岗)面试真题(6 月 20 日)

(1)2020 年 6 月,为维护我国领土完整,在与外军激烈的斗争中,年仅 18 岁的战士陈祥榕突入重围英勇战斗,牺牲时还保持着护住营长的姿势。大会上指出:"'清澈的爱,只为中国'成为当代中国青年发自内心的最强音"。请结合公安工作,谈谈你的理解。

(2)为持续推进党员干部学习教育的常态化,筑牢民警政治思想理论基础和忠诚为民的思想根基,单位准备利用每天上班前半个小时和下班后一小时组织"周一晨读"和"周二夜学"活动。假如交由你负责,请你在"晨读"和"夜学"活动选择一项,谈谈你会如何组织?

(3)近期,你所在的派出所辖区内溺水事件频发,经过走访调研公安民警确定了溺水高发地段,你作为派出所民警,会如何做好防溺水工作?

(4)某日派出所接到国家反诈中心 APP 的信息推送提醒,称辖区内的居民刘先生正在接听诈骗电话,作为值班民警,此时,你会怎么办?

试题 31:2022 年国家统计局面试真题(6 月 23 日)

材料 1:"一些发达国家工业化搞了几百年,但由于社会制度原因,到现在共同富裕问题仍未解决,贫富悬殊问题反而越来越严重。"资本主义几百年发展历史表明,它在创造巨大财富的同时,也在造成巨大的贫富两极分化。据美国左翼智库政策研究所的报告,美国过去 30 年财富更加集中,自 1983 年以来美国最富有的 5 个家族财富增长了 2 484%。据美国人口普查局数据显示,2020 年美国贫困率上升 1 个百分点,达到 11.4%,3 720 万美国人处于贫困状态,比 2019 年增加了 330 万。同期,中国脱贫攻坚战取得全面胜利,现行标准下 9 899 万农村贫困人口全部脱贫,832 个贫困县全部摘帽,12.8 万个贫困村全部出列,区域性整体贫困得到解决,共同富裕取得历史性进展。

材料 2:从共同富裕的侧重点出发,共同富裕的衡量标准包括多维度的不平等指标同时降低。一是城乡、区域差距显著缩小。2020 年国民经济和社会发展统计公报显示,2020 年我国城乡居民人均可支配收入比值为 2.56。尽管该比值在过去十年稳步缩小,但缩小幅度并不大,城乡差距、区域差距依然较大。二是居民收入和财产差距显著缩小。从 2000 年以来,我国居民收入的基尼系数始终在 0.4 以上,持续处于高位,这主要体现在劳动收入不平等水平较高、劳动收入份额占比较低。从存量来看,居民财产存量的基尼系数达到 0.6 以上,财产不平等程度甚至超过了收入不平等程度。三是基本公共服务均等化。当前,基础设施水平的城乡差距、地区差距依然较大,缩小这些差距是共同富裕的必然要求。四是扩大"中等收入群体"。持续扩大"中等收入群体",形成橄榄型社会,也是共同富裕的应有含义。

材料 3：

2016—2020 年我国城乡居民系数动态表

	2016	2017	2018	2019	2020
居民恩格尔系数	31.0%	29.33%	28.4%	28.2%	30.2%
城镇居民恩格尔系数	29.3%	28.6%	27.7%	27.6%	29.2%
农村居民恩格尔系数	32.2%	31.2%	30.1%	30.0%	32.7%
基尼系数	0.465	0.4670	0.4850	0.52	0.568
城乡可支配收入之比	2.72：1	2.71：1	2.69：1	2.64：1	2.56：1

请根据上述材料回答下面的问题。

（1）实现共同富裕，要准确把握推进共同富裕的实践逻辑，重点处理好“做大蛋糕”与“分好蛋糕”的关系，处理好“富口袋”与“富脑袋”的关系，处理好“扬优势”与“补短板”的关系。请在上述三组关系中，选择两个谈谈你的理解。

（2）为高质量推进共同富裕工作提供有力的统计参考，某地计划开展专题调研，请结合材料二和材料三谈谈你认为需要调研哪些数据，怎样搜集这些数据。

（3）你是科长，小王即将被调到别的单位，你把小王的工作交给了小李，由于小李没有交接好工作，你批评了他。小李感到很苦恼，因为最近他家里事情很多，女儿上学时间推迟了一小时，需要有人在家照顾，他的母亲病重也需要陪同，妻子还总埋怨他不该把钱借给亲戚，和他吵架。你怎么劝小李继续工作？

（4）请对材料 3 中的表格数据进行分析，并谈谈你的看法。

试题 32：2022 年国家统计局面试真题（6 月 24 日）

材料 1：1953—2021 年中国 65 岁及以上人口从 2 632 万增至 2 亿，占比从 4.4% 增至 14.2%。从历史看，1990—2000、2000—2010、2010—2020 年老龄化程度年均分别增加 0.15、0.18、0.46 个百分点，老龄化明显加快。

材料 2：根据国家统计局历年《统计公报》显示，2017 年养老服务床位 714.2 万张，2018 年养老服务床位 746.3 万张，2019 年养老服务床位 761.4 万张，2020 年养老服务床位 823.8 万张，2021 年养老服务床位 813.5 万张。2021 年，养老服务床位在过去 5 年来首次出现下降。这预示着养老服务发展正从增量阶段向提质阶段过渡。

据日前国务院印发的《“十四五”国家老龄事业发展和养老服务体系规划》的数据显示，到 2025 年，养老服务床位总量将达到 900 万张以上，也就是说，到 2025 年，我国尚有 86.5 万张的养老床位缺口，以平均每年 21.6 万张的增速计算，与往年近 30 万张的增速相比正在减缓，我国养老服务市场将进入高质量发展阶段。

材料 3：从养老机构护理人才供给情况看，养老护理从业人员不仅数量少，而且层次低，呈现“一高三低”的特点。“一高”即养老护理员多为下岗工人或农村家庭妇女，年龄较大；“三低”指养老护理员普遍学历低、福利待遇低、社会认可度低，养老护理员专业化职业化发展严重滞后。

大部分养老机构缺乏对残障、半失能或失能老人的特殊照顾。随着老年人所要求的生活水平的提高，部分养老机构提出了分级养老的服务，但其普及程度和专业程度远不能满足老年人所支付的条件。

请根据上述材料回答下面的问题。

（1）关于养老，目前有两种观点，一种是先增加养老机构数量，再提高养老机构的质量。一种是先提高养老机构的质量，再增加养老机构的数量。对比，你更赞成那种观点，并就此谈谈你的看法。

（2）为了解决当前社会存在的养老问题，领导让你做一次调研，你认为调研最重要的是什么，你如何获取这些信息。

（3）你是养老院的工作人员，你所在的养老院组织了一次座谈会，你是会议负责人。在会议上，有一位老人拉着你和你反映养老院的菜不好吃。第二位家属说，家里的老人患有高血压，但是养老院处理不及时，导致老人住院了，家属跟你要说法。还有人反映养老院的设备跟不上，影响使用。你会优先回复哪个人的问题，按顺序回复，请模拟作答。

（4）请结合材料，分析当下养老存在的问题，并提出解决方案。

试题 33：2022 年中国证监会（财会岗）面试真题（6 月 25 日）

（1）现在越来越多的大学生热衷考编，基层岗位热度都很高，甚至国企的基础岗位都会引来了很多名校大学生报考，对此现象你怎么看？

（2）有一项专项工作，由若干工作小组来共同完成，你是这个项目负责人。在工作中出现了很多小组不配合的问题，你该怎么办？

（3）金融资产减值引进了预期信用损失模型，请你举例说明什么时候可以归类为资产组合来进行减值测试。你在分类资产组时考虑的标准是什么？

（4）被审单位有 5 亿元存货由其他方代为保管，但是现在无法盘点，也无法正常提取。你认为可能存在什么问题？存货盘点与存货监盘有什么区别？存货监盘现场有什么要执行的审计程序？

（5）被审单位出现应收账款期末收回，第二年年初集中红字冲回，你认为存在什么问题？CPA 对涉及的 40 家企业发了函证，只收到 2 家回函，最后选取了 5 家企业做替代程序，你认为合理吗？存在什么问题？

试题 34：2022 年国家税务总局面试真题（6 月 25 日）

（1）为了更好地促进“三孩”政策的落地，国家规定纳税人照护 3 岁以下婴幼儿子女的相关支出，按照每个婴幼儿每月 1 000 元的标准定额扣除。有专家学者建议，通过财税举措实施生育友好型政策、实施普惠性的个人所得税调节政策、实施减轻企事业用人单位生育相关负担的财税政策可以更好优化生育政策，促进人口长期均衡发展以服务国民经济发展。结合此项政策，谈谈对税务工作服务经济和社会发展大局的看法。

（2）为迎接二十大的召开，你们单位计划围绕“做新时代的马克思主义者”这个主题，举办两个富有创意的活动,如果你是负责人,请问会组织何种活动,并选择其中一个,谈谈具体如何开展。

（3）为了践行习近平总书记“爱读书,读好书,善读书”的重要指示精神,你单位计划与党群服务中心联合开展“读书”系列活动,由单位领导和街道办主任参加启动仪式,邀请的有关专家已经通知到位并确认参加。但是在活动开始前一天,党群服务中心突然接到电话:市政府部门有 40 人来党群服务中心参观,且街道办主任由于出差无法参与启动仪式,于是党群服务中心负责人建议将活动延期举行。如果你是本次活动负责人,请问你会如何与党群服务中心沟通?请现场模拟。

试题 35:2022 年国家税务总局面试真题(6 月 26 日)

（1）请仔细观察这幅漫画,尽可能展开联想,给出两个以上你认为最贴切的标题,并就其中一个标题结合社会现象进行阐述分析。

（2）某税务局正在举办小微企业税收优惠政策宣传活动。但有的企业表示太麻烦,要求直接退税;有的企业对于怎样在网上申报不了解,不知道怎么操作;有的企业将工作热线电话当成诈骗电话,拒绝接听。针对以上情况,请想出三个行之有效的宣传方法,并就其中之一具体展开说明。

（3）单位开展业务培训工作,你是小组长,两天后需要汇报。但你们组参与意愿不高,两个老同事直接表示不参加,三个年轻的同事表示不会制作 PPT(幻灯片),表达不是很好,也不愿意参加;两个女同事,则表示在家里带娃,没有时间参与。针对这种情况,你作为小组长,为确保你们此次工作能够顺利进行下去,如何与他们进行有效的沟通?

试题 36:2022 年国家税务总局面试真题(6 月 27 日)

（1）新时代是年轻干部干事创业的黄金时代,年轻干部要始终保持干事创业的激情,增强“干劲、韧劲、拼劲”,提升个人本领,推动事业发展。作为一名税务工作人员,你认为应该怎么做到增强“干劲、韧劲、拼劲”?

（2）为进一步推动以良好家风带动优良政风,单位组织开展了“最美家庭”评比活动,但同事们参与积极性不高。有同事说报送程序太烦琐了；有同事说工作忙，没时间参加。领导交给你解决，你会怎么办？

（3）单位要进行疫情对本市企业生产经营影响分析，为掌握有效数据，需要企业报送经营数据。但有的企业说担心报送材料数据泄露商业机密；有的企业说要企业上级领导审批，才能报送；有企业认为报送数据太麻烦，不愿意配合。此事由你负责，你会怎么办？

试题 37：2022 年国家税务总局面试真题（6 月 28 日）

（1）2022 年 5 月 24 日，由国务院印发的《扎实稳住经济的一揽子政策措施》重磅出炉，包括财政政策、货币金融政策、稳投资促消费政策等六方面 33 项措施彰显稳经济力度。其中一项政策的主要内容是税务局印发《通知》，企业每招一名应届毕业生，政府向企业发放不超过 1 500 元标准的一次性扩岗补助，同时还给予企业相关政策扶持，对此，请你谈谈这一揽子政策出台背景和其所带来意义的认识。

（2）国家税务局出台“春雨润苗”专项行动，推动税收政策红利直达小微企业市场主体，为小微企业排忧纾困。为进一步落实该项行动，切实解决企业困难，你单位准备面向小微企业开展以“送政策，优服务，解难题，促发展”为主题的活动，假如由你负责，请你策划两个有针对性、个性化的工作方案，并选一个具体展开。

（3）商场的客户经理小王接到顾客张女士的投诉电话，内容如下。

①她在商场买箱子，营业员去库房找了好久，耽误了她的时间，营业员也没有道歉。

②结账时同楼层的收款机故障，她跑上跑下付款，结果把脚扭伤了，耽误了工作，要求商场赔偿医药费和误工费，不然就曝光。

如果你是小王，请问你怎么在电话里和张女士沟通？请现场模拟。

试题 38：2022 年国家税务总局面试真题（6 月 29 日）

（1）“君子为政之道，以修身为本。”修身之要在于严以律己，请你从以下五个选项中选择你认为提高个人修养最重要的两项展开论述。

①加强学习；②加强沟通；③调整心态；④注重情绪；⑤自躬自省。

（2）为了推进“以数治税”，建成“智慧税务”，你们单位要开展业务能力大提升的系列活动。请你拟定两个有创意的活动形式，并就其中一个展开论述。

（3）为了让新进人员快速熟悉融入你们单位，单位要开展一个舞台剧表演活动，现在大部分人是赞成的，只有部分人不同意：

小张：性格内向，不愿意参加表演；

小王：唱歌比较好听，但是有个性，不愿参加集体活动；

小刘：能言善道，可以演小品，不想演舞台剧，且想联合小王一起反对，在他的劝说之下其他人也有些犹豫不决。

作为活动的组长，请问你该怎么办？

试题 39：2022 年国家税务总局面试真题（7 月 16 日）

（1）最近很多税务机关大力开展税务执法，税收大数据成了打击偷逃骗税利器，查处了很多涉税违法行为，科技兴税，大数据税收服务机制推动了智慧税务的发展，优化了税收营商环境，提升了纳税人和缴税人的满意度和幸福感，请结合实际谈谈你的看法？

（2）火车站为做好疫情防控、票务指引、咨询等志愿服务工作，准备招募一批志愿者，你是此次招募工作的负责人，为确保志愿者招募质量，你认为工作的重点是什么？

（3）某市在社区医院试点家庭医生签约服务，试点工作运行了一周年，但发现存在一些问题：

①居民签约后没享受到过任何服务；

②家庭医生打来过电话，但却让去大医院；

③家庭医生很负责，但是频繁打电话；

④居民称赞家庭医生送药上门，管理到位；

⑤居民反映不知道家庭医生的事情。

你是市卫生管理部门的小张，如果让你和社区医院的李院长做沟通，来解决这些问题，你怎么沟通？请现场模拟。

试题 40：2022 年国家税务总局面试真题（7 月 17 日）

（1）冬奥会中国有许多最和第一，最快的高铁，最火的吉祥物，最环保的用品，最实时的转播，展现了国家实力。对此你怎么看？

（2）为迎接建党 101 周年和香港回归 25 周年，内地和香港青年共同表达对祖国的美好祝愿，拟定两个行之有效的主题，就其中一个谈谈如何开展。

（3）公司要开展员工子女半托管服务，座谈会产生了五条问题和意见，你作为负责人如何回应，现场模拟。

①年龄范围最大到 10 岁，应该拓宽一点。

②给公司带来不安全因素，有疫情风险。

③活动太少，只有声乐、美术等。

④会影响正常办公。

⑤给财务造成压力，对于没有孩子的员工不公平。

二、地方公务员考试面试真题

此部分提供四川省近 10 年来公务员考试面试试题，供考生强化练习。

试题 1：2014 年四川省公务员考试面试试题（7 月 12 日）

材料：高考状元的人生遭遇

八年前，刘宁以近 650 分的高分，成为凉山某县的理科状元，考入中国科技大学，大学毕业 4 年间，找了几个工作都觉得不理想，就放弃了，刘宁称“如果找不到喜欢的工作，我宁愿不工作。”他开始沉迷网络，并觉得像多数人一样工作结婚很无聊，宁愿选择当“流浪汉”。一个高考状元，毕业找不到工作，就这么自暴自弃，引起了社会强烈关注。“30 后”说身体才是革命的本钱，“70 后”说年轻的一代要有理想和追求，“80 后”说曾经觉得理想很重要，现在觉得还是得在理想和现实中取个平衡。

请根据上述材料回答下面的问题:

(1)请问这件事对自己的启示?

(2)如果你是那个人,如果找到工作,第一天上班媒体就在单位等你,你会怎么做?

(3)如果是你,单位的同事都以异样眼光看你,你怎么办?

试题2:2014年四川省公务员考试面试试题(7月13日)

材料:网友辱骂交警孬种被行政拘留

"车刚停在那里,就被贴条了,兖州的交警真孬种。"据@兖州公安微博称,5月4日,曹某某因违法停车被贴罚单。曹某某不仅不思悔改,反倒在网上发泄私愤,对人民警察进行侮辱,造成恶劣影响,被行政拘留5日。

骂人当然不对,哪怕是在网上,但还真不知道曹某这一句牢骚造成了什么恶劣影响,以致要失去5天自由。

骂交警孬种,网民接受警方道歉,佩服警方知错就改。

央广网济南5月15日消息(记者桂园):山东省兖州区公安局官方微博@兖州公安昨晚发布微博,就昨日网友贴吧骂"交警真孬种"被行拘5日一事致歉,并撤销对当时人的行政拘留处罚。

微博称,感谢新闻媒体和广大网友对2014年5月13日"兖州公安"微博"案件警示"的关注。经复查,认为对当事人行政拘留处罚不当,决定:撤销该行政处罚决定,向当事人赔礼道歉,并对有关责任人进行问责。欢迎新闻媒体和广大网友继续监督支持。

请根据上述材料回答下面的问题:

(1)请谈谈你对这件事的看法?

(2)网友辱骂交警孬种被行政拘留5日,引起了网友上万评价,你是兖州公安值班员,你在官微博值班看到这些评论怎么处理?

(3)小曹被放出来以后找到你们,领导派你接待,如何处理?

试题3:2014年四川省公务员考试面试试题(7月14日)

材料:成都女孩背不出课文被外公打 父亲打110报警

"如果你打了狗,就是虐待动物,如果你打了人,就是犯罪。但是,父母在家打孩子,却往往被认为是为孩子好———我们应该纠正这种观念",一位儿童权利委员会的负责人如是说。

一位体育老师在家长会上称:"看到他们不刻苦练习,我非常着急,现在教育局规定了对学生不能打骂,但你们家长可以呀,咱们不都是为了孩子好吗!"

昨日下午1时许,家住在双桥路的10岁小女孩菲菲(化名),因为不会背课文,外公用竹条打了她,阻拦无果的菲菲爸爸气得拨打了110。中国自古就信奉"黄荆棍下出好人",到底该不该打娃娃?有调查显示,有12%~18%的父母在教育孩子时,常常使用"打一顿"的方法。相信"打一顿"管用的,农村高于城市,爸爸高于妈妈。

菲菲的爸爸舒先生告诉《成都商报》(微博)记者，2009年他和菲菲妈妈离了婚，菲菲判给妈妈，他每月支付400元抚养费。此后，菲菲就跟着在小区1楼守车棚的外公外婆生活。因为自己住在车棚对面的3楼，站在厨房阳台上，便能看见车棚外的一些情况。昨日下午1时许，家人告诉他，菲菲挨打了。他跑到阳台上往下张望，发现菲菲的外公正用一根竹条打菲菲，菲菲的哭声很大，他气得赶紧下楼进行阻止。“娃娃的外公说娃娃背不到书，自己在教娃娃，说我管不到。我说如果你再打，我就打110报警。”舒先生说，娃娃的外公并没有因为他说要报警而停下来，“他还说，我还要多打几下”。很快110巡警赶来，对双方进行协调。

昨日下午，外婆康婆婆告诉记者，菲菲今年10岁，读小学5年级，昨天上午9点一过，外公喊菲菲赶紧起床背课文。但直到中午12时许，菲菲仍没有起床，她便拿着衣架子打了几下菲菲，菲菲这才起床。中午12点过，外公从外面拉三轮车回家，便让菲菲背语文课本的《大人们这样说》，而菲菲背了不到一半，就背不下去，这让外公很生气，拿出竹条打菲菲屁股。

外公秦大爷告诉《成都商报》(微博)记者，菲菲和其他小孩不一样，2009年父母离婚后，菲菲一直跟着他们生活，寒暑假的时候妈妈带回去。平时娃娃的教育都靠他一人，但他要守车棚要开三轮车，很多时候忙完了，都是先检查娃娃的作业再吃饭。此外，他经常在电视上看到“因家长管教不严，娃娃学坏”的新闻，他希望菲菲多读书，以后生活得好一点。他认为，打娃娃没什么不对，“俗话都说黄荆棍下出好人，三天不打上房揭瓦!”

外婆康婆婆称，打娃娃是为娃娃好，何况她发现，口头教育很多时候起不了多大作用，但菲菲很调皮，爱玩，还喜欢睡懒觉，周末可以睡到中午12点，而菲菲已经10岁多了，不能任其发展。她还发现，必要的时候用下棍棒，能起到很好的效果，“只是吓下娃娃，谁想把娃娃打痛，除非不是亲生的”。

外婆康婆婆说，菲菲直到中午12时许才起床，尽管她中途催过她很多次，可菲菲仍没有起床，她便拿衣架子打了几下菲菲，菲菲这才起床洗漱和吃早饭。

外婆康婆婆说，昨日中午催菲菲起床时，的确说过她是“瓜娃子”，但那纯粹是自己的口头禅。老伴打菲菲时说“老子”，也是气急败坏，不是有意为之，他们知道这是不对的，以后会注意说话方式。

舒先生称，菲菲的外公打娃娃时，边打边说“老子”，以前还曾听到过菲菲的外婆骂娃娃是“瓜娃子”。这让舒先生以及菲菲的爷爷奶奶很气愤。舒先生说，娃娃还小，不懂事，就算娃娃犯了错，也不应该打娃娃。用棍棒打娃娃只会吓坏娃娃，增加娃娃的逆反心理，管娃娃的效果也会事倍功半，“说不定，本来会背，结果被这么一吓，就忘记了”。

舒先生说，如果他遇到这样的问题，肯定不会打娃娃，而是耐心地加以辅导，“以前我逃学时父母打过我，但时代变迁，我总不能以老一辈的教育方式教育我的下一代”。

10岁的菲菲告诉《成都商报》(微博)记者，本来自己会背那篇文章，只是背得不怎么通顺，结果背到“龙能腾云驾雾”的时候，突然想不起“腾云驾雾”四个字。外公让她重背了好几次，她还是想不起来。

“我哭了几分钟，就没哭了，”菲菲说，以前外公也打过她，但她不恨外公，知道外公是为自己好。只是每次看到外公拿起竹条就会特别害怕，“外公声音大，力气大，性子急，每次发火我就害怕”。多位邻居告诉《成都商报》（微博）记者，两家人因为抚养娃娃的问题有很多矛盾，时常看到楼上楼下的两家人在吵架。

一组调查如下。

经常选择“打一顿”教育娃娃：12%~18% 的父母。

请根据上述材料回答下面的问题：

（1）对于用棍棒教育孩子，谈谈你的看法？

（2）她的爸爸报警了，假若你是派出所的民警，派你去处理，你怎么做？

（3）领导让你在全区中小学开展一次以“走出棍棒教育、走进学生内心”为主题的活动，你怎么开展？

试题 4：2014 年四川省公务员考试面试试题（7 月 15 日）

材料：玉林“狗肉节”引发网友热议

玉林“狗肉节”引发网友热议，有人反对有人支持。支持的网友认为猪肉、羊肉都可以吃，为什么狗肉不能吃。反对的人提出狗是人们的朋友，不应该吃。

请根据上述材料回答下面的问题：

（1）请就广西玉林“狗肉节”谈谈你的看法？

（2）如果你是当地政府，你会对“狗肉节”采取什么样的措施？

（3）如果想要了解市民对狗肉节的看法，领导让你去调查，你会怎么展开？

试题 5：2014 年四川省公务员考试面试试题（12 月 11 日）

材料：大学生下跪借款引发的思考

2014 年 6 月 30 日，在成都市武侯区航空路新希望大厦外，一名身绑玫瑰花的男子携 14 名大学生集体下跪，他们手持玫瑰，并举出广告牌向新希望集团董事长刘畅借款 100 万元治病。据了解，该名身绑玫瑰花的男子名叫莫向松，是一名大学生，也是一名白血病患者。

据四川省人民医院城东病区血液肿瘤科医生朱剑梅介绍，莫向松已经进行了 6 个疗程的化疗，现在最好的方法是做骨髓移植，但这需要高昂的费用。

莫向松表示，他的家庭已花费了 10 多万元治疗费，养父母都是从农村出来的，没有更多经济收入，亲生父亲也有病在身。

媒体人王志安在实名微博中写道：“这是要挟，以自己的疾病要挟别人救助。不管对方是否有钱，都不欠你的。慈善的基础是自愿，一旦违反自愿原则，就是恶。”网友更直指“求生的欲望未赋予你道德绑架的权利”。

与此同时，某门户网站的民意调查也显示，有接近六成的公众认为：这不是借钱是“要”钱，算是道德绑架；有接近三成的公众认为：为追求活命的机会可以理解，但用错了方式。

面对“道德绑架”的质疑，莫向松说：“我当时没想那么多，只想着能借钱活下来。”他承认，之前的行为确实欠考虑，也很抱歉给新希望集团带来了困扰。“借与不借对他们来说都是一个难题。养父母、朋友同学能为我做的都已经做了，我要活下来，就得靠自己，”莫向松表示，他对社会上部分慈善机构并不完全信任，对其他社会救助渠道也不太了解。“只能通过自己的方式，想到什么就去做什么。找富豪借钱是最快捷的方式。”下跪借钱的举动确实欠考虑，养父母对他所做的事并不知晓，“我们就靠着几亩土地，一年的收入刚好能供他读书时每月六七百元的生活费。”

“生命是无价的，我只是想让大家看到我追求生命的这个过程。只有经历过，才会明白。”莫向松说，当然，如果再给他一次机会，他会选择更加理性的方式。

请根据上述材料回答下面的问题：

（1）对材料中莫向松同学下跪的做法。谈谈你怎么看？

（2）下跪引起社会热议，莫向松收到不少质疑短信甚至接到骂他的电话，他深感失落，心理压力大，你作为他的同学怎么开导他？

（3）你是学校团委工作人员，在学校组织一次为莫向松同学的献爱心捐款活动，你怎么开展？

试题 6：2014 年四川省公务员考试面试试题（12 月 12 日）

材料：一场讲座所引发的思考

9 月 16 日，92 岁高龄的国家科技最高奖项获得者吴良镛院士受邀到人民大会堂为首都高校和科研院所近 6 000 名研究生新生讲课。92 岁的吴良镛院士坚持站着为学生作了《志存高远 身体力行》为题的报告。但在吴老做报告的过程中，大批后排的学生睡倒一大片。报道一出，立即引来舆论声一片，老院士作报告学生睡觉，是学生缺乏素质，不懂得尊重学者？还是院士讲课内容不够精彩和生动，致使学生“睡到一片”？抑或是刻板、灌输式的报告模式使本来严肃的报告索然无味，学生才昏昏欲睡？又或者是媒体歪曲事实，为吸引眼球故意夸张事实？

真相不得而知。但从随后的相关报道中披露出：一、在约两个半小时的报告会中确实有个别人睡觉，但不是所谓的“睡成一片”；二、吴老院士坚持走向发言台站着讲课，现场多次响起热烈掌声；三、媒体报道存在过分夸张事实的成分。

无论事实如何，首先个别学生在吴老作报告过程中睡觉，表现出的是对讲课者的不尊重，特别是在庄重的人民大会堂里 92 岁高龄的国家科技最高奖项获得者吴良镛院士坚持站在发言席上为祖国未来的栋梁之材作励志报告的时候。但也不必对台下睡着的学子进行道德的鞭笞。据媒体报道，曾任吴良镛院士科学秘书的清华大学建筑学院教授武廷海对于学生睡觉一事表示理解。武廷海教授说，偌大的人民大会堂，后排学生睡觉，是因为讲得不好还是学生累了抑或其他原因，不得而知。“但即便学生困了睡觉又怎么了，宽容一点嘛，不要一味指责”。学生听报告睡着，其原因不得而知，如果一味指责甚至歪曲事实或断章取义，那是不可取的。

其次，据现场学生反映：当吴良镛院士在工作人员的搀扶下走进会场时，全场立即爆发了热烈的掌声。吴老坚持走向发言台站着为学生讲课让在场学生感动不已，讲课的时候，现场多次响起热烈掌声。这就说明吴院士的讲课不是陈旧、枯燥无味的。这一点可以从媒体整理出的吴良镛院士的报告全文中可以读得出来。吴老的报告题目为《志存高远 身体力行》。在演讲的开篇，他就表示我“不讲大道理”，“只想通过亲身经历所得到的体会和同学们讨论”。在35分钟的演讲中，吴院士从“理想与励志”“选择”“坚持”“榜样”“顿悟”五个方向，谈到了学子们的道德实践，在演讲中还时不时拿自己的亲身经历举例。吴老在报告中说：“必须志存高远、身体力行，从经典的哲理转化为一己之行动指南、行为通则，唯有此，才能慢慢地内化为属于你自己的精神财富”。

从报告全文中可以读出，吴老的报告，并非空洞无物，吴老主要从其生平出发，朴素务实地讲了一些人生感悟，其内容富有启发性。但还是有学生在听报告时睡着。其中的原因，或许可以从一些同学的反映中看出一些端倪。一些同学表示：听演讲是学校组织的，也有被逼去的，研究生听讲座要记学分，至少十次，听完还要签字。从学生的反映中可以看出，部分学生听讲座并非自愿参加，而是研究生课程要求“听讲座要记学分，至少十次，听完还要签字”。听讲座是得到学分完成研究生学业的需要，并不是学生自愿提高自己的需要。这表明，我们的研究生培养考核体系存在一定的缺陷，部分学生带着记学分、混学历的态度来听讲座，谁来讲讲座、讲座的内容如何可能不是他们所关心的，他们更关心的是听讲座要签名、记学分，这样他们才能得以顺利获得研究生文凭。至于听讲座中收获了什么或许无关紧要。

再次，媒体的夸大事实的片面报道也引来了批评之声。“老院士台上站着讲课，学生睡倒一片”的新闻见诸网络后，迅速激起众多网民的不平甚至是愤怒，一时恶评如潮。一些舆论将学生睡觉的问题上升到“尊师重道”“治学态度”的高度，批评学生素质低下、不懂尊师；不修身，何以修学业等等。甚至还有这样极端的评价，“对师道缺乏起码尊重的研究生，很难想象他们能敬畏人类的良知，招这样的研究生有意义吗?”

但仅有的几张学生睡觉照片能否真正反映出整个大会堂内的情况，“一片片”倒下的描述是否站得住脚，媒体报道是否有偏差之处，有待解释。“九旬院士作报告，学生睡倒一片”的新闻报道有图有文字，乍一看确凿无误。但是，学生睡觉和院士演讲，两件事是否同时发生，从图片和文字中无从佐证。即使在吴老作报告时真的有学生睡着，具体人数在文章中没有准确统计，因此也难以说明问题。

亲自参加吴院士报告会的学生在看了媒体报道之后表示：睡倒的同学并没有新闻画面里展示的那么多，并高呼“睡觉这事越来越离谱了！亲身经历一次，才发现媒体有多不靠谱”。他本人也拍摄了现场照片。从照片上看，当时他坐在一楼后三区的第30排。有学生也表示，这个活动是自愿参加的，而且名额很少，他的名额都是先报名抢到的，他们班级39人只有3个名额。在吴老讲课的时候，现场多次响起热烈掌声，睡觉的特别少，记者发的那几张照片，仔细看的话，很像是同一些人，不同角度拍摄的。

媒体截取局部、脱离事件全貌的新闻报道，为吸引眼球夸大事实的片面解读，催促了事件的发酵，造成不同群体之间的宽容越来越少、误解越来越多，不利于形成积极健康的舆论生态，不利于构建社会和谐。

无论事实真相如何，整个事件的酝酿发酵，引发的各路声音，以及造成的负面影响不可避免。如何减少这样的误解和误读，社会、媒体甚至当事人及旁观者，都需要反思。

请根据上述材料回答下面的问题：

（1）对于92岁高龄老教授吴良镛站着做报告，场下学生却睡倒一大片，请问你怎么看？

（2）据反映，在报告期间，也有部分工作人员一直低着头玩手机，如果你是在场会议组织人员，请问你如何处理？

（3）这件事情被媒体报道后，引起了有关领导高度重视，要求对当时具体情况做一个详细的报告，作为报告会组织负责人，请问你如何确保调查情况的真实性？

试题7：2014年四川省公务员考试面试试题（12月13日）

材料：幼童出红疹，4分钱处方药到病除

“史上最便宜处方”出炉！河南郑州一张为2岁多孩子治疗红疹的“4分钱处方”走红网络。“4分钱处方”一出即引爆网友热议，在这个什么都贵的时代，史上最便宜处方“4分钱处方”被赞业界良心。

据孩子母亲介绍，2岁多的孩子身上出了红疹，像是皮肤过敏，郑州某医院的值班医生问明情况后给开了4片氯苯那敏。“划价时，本想着得好几元，结果是4分钱。”孩子母亲说，想起以往给孩子看病，少则几十元，多则几百元，便将这不寻常的处方传到了网上。

此消息一经传开，即引发了社会广泛关注，对此事的讨论持续发酵。“这药开的合适吗？”“难道开便宜药的就是好医生？”“为什么会有那么多‘大处方’的存在？”……而这些关于医术、医德、医疗体制等方方面面的不断讨论，再次将秦瑞娟推向舆论的风口浪尖。

从业20多年的秦瑞娟医生告诉记者，那天是大年初七，郑州下大雪，我在病房值夜班。那位患者家属是晚上9点多过来的。因为下雪，天冷，路也特别滑，孩子家长怕孩子着凉，没带孩子来。家长介绍，孩子出了一身红色的疹子，一直挠痒，不睡觉。我判断疹子是过敏性的，问了问孩子的年龄，家属说2岁7个月了，体重13公斤。于是按每次1/3片的剂量开了4天的，并叮嘱家长若孩子吃药第二天不见好，就该带孩子到医院检查。

在她看来，抗过敏药都有副作用，氯苯那敏的副作用并不大，新生儿和孕妇禁用，老年人、高血压患者慎用，2岁7个月的幼儿是可以用的，不是大剂量，也不是长期服用，没问题。也有别的抗过敏药，比如氯雷他定。但扑尔敏效果也不错，价格还便宜，患者没有提什么要求，就开了氯苯那敏。大多数医生都是凭良心开药，药物便宜与贵不是关键，适合病人才是关键，价廉、高效、安全，就是好药。对我们医院来说，更多的还是要考虑患者的实际情况。医院主要是服务周边地区的，我们医院挨着好几个城中村，很多家庭收入不高，治好病的情况下尽量让患者省钱，能吃药就不打针，能打针就不输液，不必要的检查不让病人做，别的医院做过的检查单我们也认可。

请根据上述材料回答下面的问题：

（1）对材料中的4分钱处方现象，谈谈你的看法？

(2)此事报道后，引起卫生局领导重视，你是卫生局工作人员，领导安排对此事进行调查，你如何保证调查的真实性？

(3)卫生局准备召开管辖区医疗卫生单位以医德医风为主题的研讨会，你负责这次研讨会的具体工作，请问你如何开展？

试题 8：2014 年四川省公务员考试面试试题(12 月 14 日)

材料："饥饿 24 小时全民公益活动"引发的思考

中国扶贫基金会将在世界粮食日和首个国家扶贫日期间开展"饥饿 24 小时全民公益活动"，倡导有条件的人在今晚到明晚 8 点切身体验饥饿，以此表达对中国乃至全世界饥饿人群和贫困弱势人群的关注。该活动引发众多网友关注，不少网友表示要参与，一些网友则担心饿一整天是否会影响身体健康，有网友则对挨饿是否有助于扶贫产生了疑问。

对此，中国扶贫基金会副秘书长表示，健康人连续 24 小时不进食不会有大的问题，但参与者仍需量力而行，而该活动的目的在于引发人们对于贫困、饥饿的关注，从而去帮助有困难的人。

24 小时的"饥饿游戏"引网友热议

今天是第 34 个世界粮食日，明天是我国首个国家扶贫日，其间，中国扶贫基金会发起"邀您一起，体验饥饿——饥饿 24 小时全民公益活动"，倡导 16—60 岁有条件的人于 10 月 16 日 20：00—10 月 17 日 20：00，切身体验饥饿，以此表达对中国乃至全世界饥饿人群和贫困弱势人群的关注。

活动期间，体验者可以分享自己的体验计划、心得体会等，并邀请三位好友参加体验，若好友不能完成，也可以为"饥饿 24"做一件力所能及的事情，如：把自己的微博、微信或 QQ 头像在活动期间更改为"饥饿 24"活动图标，捐出相当于一天餐费的善款支持爱加餐项目、改善贫困地区儿童的营养状况等。

在微博上，"体验饥饿"话题已经被阅读 5 345.7 万次，引发 5.1 万次讨论。虽然活动得到不少人的支持，但也不乏担心与质疑的声音。有网友担心，挨饿会影响身体健康。也有些人认为如果活动不能起到实质作用帮助贫困人群，那就是作秀。有网友称活动的逻辑是"没饭吃的人是因为有饭吃的人不节约粮食"，体验饥饿不如让吃不上饭的孩子体验一天温饱。有腾讯微博网友认为，真的挑战不光是饿 24 小时，应该把饿 24 小时的饭钱捐出去，只挨饿并不能够帮助山区的贫困儿童。

对于网友们的热议和质疑，中国扶贫基金会副秘书长陈红涛昨天进行了回应。不愿挨饿可以把饭钱捐出来，挨饿是引发民众关注贫困问题的形式。

对于网友"挨饿与扶贫无法直接建立联系"的质疑，陈红涛表示，活动属于自我体验型，完全自愿参与，吃简单的饭菜或者只饿一顿，甚至只是在社交工具上把自己的头像临时更换成戴着红色口罩的形象，也能表达对活动的支持。陈红涛说，不愿意挨饿的也可以把相当于一天或一顿的饭钱通过微公益平台捐赠给"中国扶贫基金会爱加餐"项目，届时，这些善款将用于为云南贫困小学生加餐。

陈红涛表示，体验者中的一部分人可能会对饥饿给自己身体造成的不适感触较深，通过体验饥饿而对贫困者的生活有切身感受，他们也可能会想如果真的没有粮食、没有饭吃了怎么办，在今后看到有人需要帮助时，他们可能会更愿意伸出手来，或者在自己外出就餐时更有节约意识，这样也就把珍惜当下、关注弱势群体的公益价值观传播出去了。

中国扶贫基金会的微博提示，参与体验活动的必须是身体健康的成人，有慢性病，如高血压、糖尿病的人不要参与。参与体验者当天必须保证充分的饮水，同时不能有剧烈的体育运动或辛苦的脑力劳动。陈红涛说，对于健康的人来讲，连续24小时不进食问题不是很大，但此举毕竟是个挑战，参与者一定要量力而为。

有关专家表示，除了微博中提示的疾病外，患有甲亢、甲减等急性代谢性疾病的人，有急慢性肠胃炎等消化性溃疡病史的人，有心脏病等心脑血管疾病患者都不适宜参加此类活动。另外，不要在体验活动前后暴饮暴食，参加活动的时候最好备有糖，以防低血糖产生不适。

请根据上述材料回答下面的问题。

（1）谈谈对饥饿24小时活动的看法。

（2）你和同事自愿参加饥饿24小时活动的过程中，你们要去完成一件重要的工作，但是同事身体出现问题，你怎么办？

（3）开展一个“节约一粒粮食，关爱贫困弱势人群”公益活动，你如何组织？

试题9：2015年四川省公务员考试面试试题（7月3日）

材料：女生放弃读本科选择上技校　称学技术比上本科强

“逆光飞翔会更有力量，我知道我要去的方向”，这两句歌词是“95后”山东女孩王静最喜欢哼唱的。而她本人在现实中也干了一件“逆光飞翔”的事儿：放弃上重点大学，选择读技校。

2014年8月底，王静以高考理科总分537分的成绩（超过当年山东高考理科二本线十几分），收到山东当地某重点大学的录取通知书。这意味着，只要愿意，王静就可以进入她梦寐以求的大学校园念书。

但是，19岁的农村娃王静作出了一个在旁人看来极其“叛逆”的决定：放弃念大学，到技校学技术。

王静告诉记者，作出上述“大胆”的决定，与多年对身边“哥哥姐姐”的观察密不可分。她介绍，家里亲戚许多都念了大学并拿了本科学历，但他们毕业也面临“就业难”的问题，另外，不少人的工作甚至和本科所学专业基本毫无关系。她以一个亲戚家的“姐姐”举例，该女生就读国内某二本院校，4年学历史，毕业找了一份教英语的工作，或许大学可以学一些英语，但是4年本科历史的专业，基本就“白学了”，而且该女生所找工作的薪水也就每月3 000多元。

另外，不想给家里增加沉重的经济负担，想早日学有所成“报答”父母，也是促使王静最终放弃大学上技校的重要原因。

1995年出生的王静，家在山东临沂市一个偏僻的小山村，父母都是农民，家里主要的经济来源是靠种地获取的收入；农闲时，父母也会出去做点小生意贴补家用。

虽然家里条件不是很好，在她的父母看来，一个农村娃考上大学不容易，上大学不仅能获得本科学历，而且在亲戚朋友面前，父母也觉得有面子。所以，王静的父母对她“放弃上大学”的决定，起初特别反对。

但王静坚信自己的“学好一门技术，一定比上本科还强”的判断，放弃进入大学学习的机会，好好去技校学一门技术。最终，在王静的坚持和一些亲戚的劝说下，父母对她放弃上大学这一“叛逆的决定”，勉强同意了。

于是，“95 后”农村娃王静，经亲戚介绍，最终来到了黑龙江技师学院（下称“黑技院”）学数控编程。

2014 年秋季，王静进入黑技院机械工程系拥有“22 名男生，4 名女生”的田中 1 班学习，成为该班“四朵金花”之一。颇为有趣的是，她因为动手能力强，像个“爷们儿”，被同学称作“女汉子”，人送绰号“静哥”。

起初，对王静放弃读大学的机会，跑到黑龙江学技术，父母虽然嘴上同意了，但是心里依然“不是很乐意”。但她说，现在父母相当支持她。当然，父母态度的转变和王静持续不断的努力是密切相连的。

在黑技院，王静被同学称为“学霸”。她的各科学习成绩基本居前三行列。学期末的考核中，理论部分基本满分，实践部分也名列前茅。另外，王静深得授课老师的欣赏，获得的“学霸待遇”有：班主任拨给其办公室的一半空间，让她有一个安静的学习环境；上课之余，班主任还给她“开小灶”，结合教学实际推荐了好些具有针对性的实用书籍。

2015 年 5 月初，王静因成绩优异和表现突出，成为所在班级第一批被选拔到上海的实习生。实习公司是金属加工业内知名的某日资企业。

目前，虽然实习刚过去两个星期，但王静的收获还是蛮多的。她告诉记者，在实习公司，跟着公司的老师傅学到了许多在学校学不到的实践理念和知识。据老师介绍，当今人才市场对数控加工高技能人才有巨大需求，王静如果表现突出，毕业后可加入现在实习的日资企业，并且在公司的职业成长空间很大。

谈及未来的梦想，王静说，如果技术学好的话，希望能在北京或上海工作，最好在所工作的城市“可以把父母接过来一起生活”。

请根据上述材料回答下面的问题。

（1）针对上述这一现象，你怎么看？

（2）如果你是大学辅导员，你怎么去劝说家长？

（3）你是技校的老师，去一所高中宣传技校，你将如何开展宣传？

试题 10：2015 年四川省公务员考试面试试题（7 月 4 日）

材料：小伙子为救病父，3 年前在网上“借”钱

老家天津的许涛是北京化工大学即将读大四的学生，2012 年 6 月，他的父亲查出患有急性髓性 M1 型白血病，急需至少 40 万元的治疗费用，但因家庭经济困难无法承担，因此许

涛在网上借钱救父。

许涛在借钱网帖写道:“我以人格作保向您筹借善款,因为哪怕仅仅是一块钱、一毛钱对我来说都非常重要,也是极大的帮助。我希望您给我一个详细的账号,我会在3~5年内把钱打给您。因为是借,我承诺每年支付5%的利息给您。无论我以后从事什么样的工作,或是工作变动或升迁,我都会及时将我的联系方式和所有情况公开,不会让您找不到我。”

许涛在网上发布了求助信息,并不断公布爱心捐款的名单。虽然这份名单当中,有不少只是捐了几元钱,但他对每一个捐款者都说了“谢谢”,就连他的QQ签名也改成了“感恩”。据有关媒体统计报道,从2012年6月发起网络救助至2013年3月,许涛共收到千余名网友的善款50万元。

还款——网友接到陌生电话,原是小伙还钱来了。

网友曾先生就是捐款人之一。上周末,曾先生在天津接到许涛的电话。因为过了数年早就不太记得此事,曾先生一度还以为是诈骗电话。

哪知许涛在电话里说:“不知道您还是否记得,我几年前曾在微博上求助,因为我爸爸得了白血病,当时我还在读大学。后来您捐了一笔钱给我,我现在想和您确认下账号,把钱还给您。”

他告诉曾先生,网上有很多好心人帮了他,父亲也因此渡过了当时的难关,又撑了两年,但因为病情太重,最后还是在去年过世了。现在他已经大学毕业,并在北京找到了工作。“现在情况好些了,所以我想把当时借的钱,都还给大家”。唯一让他有些遗憾的是,有很多人当初捐款时并没有留下联系方式,已经联系不上了,“但我一定会想办法找到他们”。

曾先生和许涛通完电话后,就收到了银行短信。除了当初捐的钱款外,还多出来10%的利息。许涛在汇款留言中写着:两年每年5%的利息,谢谢您。“原来这孩子当初说的就是借!这个年轻人真的是在兑现当初的承诺。”曾先生深受感动,12日将此事发到了微博上。截至13日,这条微博的转发数量已超过11万次,网友纷纷点赞。

对话——许母称儿子压力大,连恋爱都不敢谈。

记者查看许涛的微博可以发现,自其父发病后,他一直保持着一个较高的更新频率。但在去年3月到11月之间,却有着一个很明显的“空白期”。记者近日联系许涛未果,却联系上了许涛的母亲。她介绍,孩子爸爸就是这一期间病逝的。

许母告诉记者,经过孩子网上求助和媒体呼吁,在其父就医期间,一共获得各类善款总计在50万元左右。“这孩子压力应该挺大的,”许母说,虽然儿子没有明确表示,但她能感觉到,收到50万元捐助的事情,一直压在儿子心里。儿子大学毕业后,就在北京找了工作。“每个月会回天津几次,但很多事情都放在心里,不跟我说。”

尽管如此,许母还是从儿子的只言片语中,得知了孩子在北京每月收入并不算高,而且过得很节俭,租的也是一套每月仅300元的简陋住处。“他真的很感激这些好心人。”许母透露,可能考虑到目前自己和家庭的情况,连有人为孩子介绍对象,他都没有接受。

请根据上述材料回答下面的问题。

（1）小伙子为救病父3年前在网上“借”钱，3年后一一归还，谈谈你对这件事情的看法？

（2）媒体报道了许涛的事情，引出各种声音，让他有了压力，你是他的同事，如何缓解他的压力？

（3）许涛的母校北京化工大学要举办一个“人人践行承诺”为主题的宣传活动，邀请许涛参加，你会怎么组织？

试题11：2015年四川省公务员考试面试试题（7月5日）

材料：“消防队员救援现场不救人忙自拍”？

昨日上午，一篇名为《砚山儿童因暴雨被冲走，救援消防现场不救人反而玩自拍》的信息在微信朋友圈广泛被转载。文中称，5月21日，文山州砚山阿猛镇发生连续多日的降雨天气，使得道路上积满了水，而在这看似平静的水面下却是暗藏危机。因为修路，工人挖断了以前的老桥，加之现在是雨季需要排水，所以留下了两个很深的洞，边上全是淤泥。当日，镇上的一个孩子却意外失足掉进了洞里，最终被洪水卷走，而当时附近所有的好心人都赶来帮忙寻找孩子，但由于条件限制，搜寻工作并不是很顺利，所以叫来了县里的消防员，希望借助消防员的力量帮助一起打捞。

帖文中还指出，当地消防员到达现场以后，“可是大家所期望的那一幕并没有出现，当好心人在努力寻找孩子尸体的时候，我们却没有看到一个消防员官兵的身影，反而在干净的消防车旁边看到了让人失望的一幕”。

记者注意到，在网友配发的图文中，3名男子正疑似在下过雨的浑浊河水搜寻什么，路边站了8名男子正在围观。而另外两张图片中显示，在一辆消防车的右侧，两名穿着消防员衣服的男子搂肩依靠在消防车车门边上，一名穿着迷彩服的女子手中握着一手机给两男子拍照合影，随后，三人围在一起，观看手机中的内容。

今日上午，记者从文山州公安消防支队获悉，看到网帖后，相关部门迅速成立工作组对此事件进行调查核实，经调查：5月21日13时46分，砚山县消防大队接到报警称，位于砚山县阿猛镇石丫口村有一小孩掉入修桥涵洞，砚山县消防大队立即出动1车6人赶赴现场救援。到达现场后，由于涵洞洞口太小，无法进入查看，消防队员立即联系当地有关部门调动挖掘机进行增援，在等待挖掘机、商讨救援对策的过程中，1名战士、1名政府专职消防员由于第一次出警比较新奇，违反战场纪律，让宣传文职人员为其拍了几张照片，恰好被周围群众看到并拍照发到了网上。

核实确认后及时对当事人进行了处理：一是责令砚山大队党委向支队党委作出书面检查；二是对中队指挥员刘飞进行诫勉谈话，并责令在军人大会上作深刻检讨；三是对战士刘阳进行批评教育，并警告处分一次；四是对政府专职消防员曾正伟、消防文员罗开娴予以辞退。

网友对此事的一些看法：

@我是老五耶：现在的年轻人喜欢自拍，吃饭购物旅游，何况一些新兵第一次执行任务，难免可能有一些小激动。这次任务一些小小的动作，因为大家的转发让这些新兵受到严厉的批评处分。我们不要让这些有血有肉的英雄流血再流泪。共建和谐社会，多一些包容。

@哆啦 honey：年幼的生命因暴雨而冲蚀，消亡，这是大家不愿看到的结果。消防队员们接警后立刻到位，尽管有人批评个别新兵接警后玩自拍，但希望也看到奋不顾身涉水搜救的官兵们，永远冲在最前线的消防队员们。望大家体谅体谅官兵们的不易。愿年轻的生命安息。

请根据上述材料回答下面的问题：

（1）这件事对你有何启示？

（2）刘阳被处分后，觉得自己给消防支队抹了黑，一直心里内疚，你作为班长如何劝说？

（3）单位要组织一次消防队员纪律教育活动，你怎么组织？

试题 12：2015 年四川省公务员考试面试试题（7 月 5 日）

材料：曝交警用喇叭与群众对骂

据新华社电，哈尔滨市公安交通管理局相关负责人 12 日向记者介绍，在 11 日中午有交警在个人微信上看到“交警在查处车辆单双号限行执法过程中使用巡逻车喇叭与围观群众对骂”的视频，交管局纪检监察室随即立案调查。

调查结果显示，6 月 9 日 14 时许，哈尔滨市南岗交警大队民警在果戈里大街执勤时，发现一辆黑色轿车违反单双号限行规定行驶，民警示意司机停车时，该车驾驶员未停车继续行驶，随后被前方交警巡逻执勤车截停，驾驶员与执法交警就执法依据发生语言争执，有围观人员出现不文明语言。此时，第二辆巡逻执勤车上民警通过车载扩音器喊出处罚规定，此举激化围观群众情绪，有围观者先辱骂民警，双方出现短暂语言冲突。

目前，哈尔滨市公安交通管理局已经对这两名民警执法过程中的不规范行为进行了批评教育，并举一反三，决定在全市交警队伍中深入开展执法规范化教育活动；同时更多开展“警民对话”活动，主动听取广大市民意见和建议，警民携手共同打造文明、畅通、安全的交通环境。

请根据上述材料回答下面的问题：

（1）这件事对你有何启示？

（2）巡逻执勤民警在处罚违规车辆，引起了群众激动的情绪，你作为社区干部应该如何处理？

（3）让你组织一次警民谈话，你如何宣传？

试题 13：2016 年四川省公务员考试面试试题（6 月 26 日）

材料：“残疾愚公兄弟”贾海霞、贾文其植树的事迹

贾海霞、贾文其是井陉冶里村一对重度残疾人。同是 53 岁，一位双目失明，一位双臂截肢。俩人 12 年结伴植树上万棵，把昔日荒凉的冶河夹滩变成了一片密密丛林。

身残志坚的他们本想着在荒滩种点树挣点小钱，可却成了他们梦想的开始，在近 12 年

间植树上万棵，把昔日荒凉的冶河夹滩变成了一片密密丛林。他们不砍不卖一棵树，如照顾自己孩子般守护着这片林子，周边百姓无不被这种“愚公植树”精神所感动鼓舞，纷纷赞扬！燕赵都市网、长城网、@石家庄发布等媒体、官博报道了两位老人的事迹后，感动了无数网民。

“你是我的眼”“我是你的手”，这对浪漫的句子并非歌词，而是一个故事。他们，年过五旬的贾文其和贾海霞，住在河北省井陉县冶里村。因为身有残疾，在2002年的一天，他们成了对方的“眼睛”和“双手”。相互扶持、不离不弃，13年来二人倔强地做成了一件看似普通的事——种树。穿过乡间小路，冶里村外小河旁有一大片森林，过去这里只有荒凉。六月炽热的阳光下，他们种下的万棵绿树已然成荫，覆住了的不只是乱石、黄沙，更盖过了大山脚下贫困生活和身体残疾带来的磨难。

身体上的残疾和生活上的贫困，并非是对他们人生的全部否定。没人能想到，当初简简单单的一合计，无意间成就了一份十多年的坚持。

由这份坚持而来的感动，最终走出了小山村，走出了河北，走出了中国。

近来，不少国外媒体以贾文其和贾海霞的故事，所做的报道和视频感动了不少大批网友。网友被他们的阳光、坚韧、勤劳所感动，更有人将他俩称为“感动世界的植树老人”。“我连自己家的花丛都管理不好，而他们，托着残疾的身体却创造了一片森林。”有外国网友评论道。

“我们哪里伟大了，只是种好自己的树，干事就要尽力而为。”贾文其说，这些年遇到的困难很多，但办法总比困难多，以后还会继续种下去。

夕阳下，这片满载两人希望的森林，树影越来越长。

指着林中的一棵大树，贾海霞说：“每年都有爱心团体、公益组织来帮我们植树。你瞧，这一片都是他们帮忙栽的，你看这棵树都已经挺大的了。”他最盼望的是，有公益组织下次来，能多带些小树苗。

请根据上述材料回答下面的问题：

（1）对这两位“感动世界的植树老人”，你怎么看？

（2）两位老人生活困难，你作为结对帮扶工作人员，怎么帮助他们解决困难、增加收入？

（3）你是党政办工作人员，让你撰写两人的先进事迹材料，你怎么收集相关信息？

试题14：2016年四川省公务员考试面试试题（7月8日）

材料：“副镇长开网约车”引发的思考

6月15日8点10分，安徽黄山歙县王村镇副镇长洪升先到县政府送文件，之后准备去县委党校参加9点半的会议。送完文件出来后，他手机上的滴滴打车软件发来一个约车的单子。“发单人距我50米，目的地是东山花园小区，跟我去的方向一致，而且时间来得及，我就接单了。”洪升说。他把乘客送到目的地，按下“结束”键。这一趟5公里（千米），大约能挣4块多。意外发生了：十几辆出租车把他拦了下来，并打电话报了警。同时被举报至纪委，“安徽副镇长开网约车被查”成为网络热点。

今年37岁的洪升，离异后一个人带孩子，对3 000多元的月收入“挺满意的”. 不幸的是，4月份他痛风发作。为尽快偿还看病所借的贷款，5月中旬，开始注册成为滴滴司机。“不管组织怎么处理，我都坦然接受。”6月17日，接受完运管部门调查的洪升对《新京报》记者表示，出事后压力很大，虽然自己确确实实有家庭困难，但错了就是错了。

请根据上述材料回答下面的问题：

(1)谈谈你对“副镇长开网约车”事件的看法？

(2)如果你是黄山歙县纪委一名工作人员，领导将“副镇长开网约车”的调查交予你完成，你如何组织？

(3)此事发生之后，各方评论，有的同情理解，有的辱骂，他情绪低落，压力大，作为同事，你怎么安慰和开导他？

试题15:2016年四川省公务员考试面试试题(7月9日)

材料:“黄桷兰婆婆”的故事

四川成都盐市口一商店门前，94岁的罗锦凤在这里卖了13年黄桷兰，是远近闻名的“黄桷兰婆婆”。

10多年里，随着人们口口相传“有个太婆每天在新世界百货门口卖黄桷兰”，越来越多的人专程去买她的花，很多人放下10元20元，提走一串黄桷兰，不等找零就匆匆离开。

然而，她也遇到过“黑心鬼”。几年前，她曾收到过一张百元假钞。100元钱，她要卖250串黄桷兰才能挣回来，够交一个月的房租。可收到假钞后，她回家就把假钞烧了，“人家害我，我不能去害别人”。

对于母亲烧掉假钞一事，女儿周素英并不意外：“我妈经常教育我们，为人不能做亏心事。她自己遇到了，都是自认倒霉，肯定不会去害人家。”

虽然没有亲眼见到罗婆婆烧掉假钞，但她的邻居王木清并不怀疑老人会做这样的事，“她挣钱从来都是干干净净的，在我的印象中，以前人家多给了钱不要找零，她都追到人家，还回去。”

这事经媒体报道后，网友们在谴责骗子的同时，也心疼婆婆。许多人留言询问她的摆摊地点，“我要去看望她，去买她的花”。

人们为何会被这样一个简单的举动所感动？因为打动人心的故事总是弥足珍贵。

请根据上述材料回答下面的问题：

(1)请谈谈你对罗锦凤婆婆现象的看法？

(2)你是社区工作人员，如何劝说罗锦凤去敬老院？

(3)你是社区干部，由负责你组织一次一对一的尊老敬老帮扶活动，你如何开展？

试题16:2016年四川省公务员考试面试试题(7月10日)

材料:一段男子殴打老人的视频所引发的社会问题

一段男子殴打老人的视频在网上疯传：一名中年男子将一老人按在电动车上，用手重重打其头部,老人差点从车上摔倒,旁边还有一小孩。网友称事发地在遂宁某小区,被打的老人正是男子的母亲。这件事引发了网友的愤怒和谴责。李明因殴打他人被行政拘留15日并罚款。

然而,经过记者走访调查,打人男子和母亲的关系,并非像网友看到的那样,相反,这位男子还是家人和邻里口中的"孝子"。在小区邻居和保安眼中,李明和母亲之间的关系,有着截然不同的说法。小区保安冉体军说:"不敢相信,老李对母亲非常好,每天都骑着电动车带老人出去游玩,早上、下午,一直没有间断。"

心理专家:长期积压导致情绪爆发

针对李明的行为,绵阳市第三人民医院心身疾病科主任、心理专家杨昆告诉记者,由于老人长期患病,长期的积压很可能造成照顾人情绪失控,很可能出现过激的反应。"不能因为一次的殴打就定性为虐待,而应该看长期的表现。"

久病床前无孝子,其实可以说是一种心理现象,长时间照顾重病老人的子女,也会因为病人的情况长期不见好转,出现烦躁、无望的情绪。这时就会出现心理压力的长期积压,有可能作出过激的事。

请根据上述材料回答下面的问题:

(1)你怎么看待李明打母亲的这件事。

(2)请你在城里社区组织一次"关注心理健康,促进社会和谐"的宣传活动。

(3)李明因为打母亲被拘留,在拘留室里,李明情绪低落,很是后悔,你是一名民警,如何去安慰他?

试题17:2017年四川省公务员考试面试试题(3月9日)

材料:河南"最严禁放令"引发的问题

为应对冬季重污染天气不利影响,大气污染治理措施再升级,河南省环境污染防治攻坚战领导小组(以下简称"攻坚办")1月14日下发通知,要求自通知下发日起,在全省范围内禁燃烟花爆竹。攻坚办要求各地在"禁燃烟花爆竹目标责任书"的基础上,进一步扩大禁燃烟花爆竹的区域范围,实现市县域全覆盖,包括乡镇和农村,坚决杜绝全省范围内燃放烟花爆竹的现象。

各地要抓紧时间出台辖区烟花爆竹禁止燃放管理规定,明确市县全域内全时段、全面禁止燃放烟花爆竹,并将出台的相关落实文件于1月18日前报送省环境污染防治攻坚战领导小组办公室。同时,强化烟花爆竹禁止燃放工作责任制及问责机制,对烟花爆竹禁止燃放工作中不依法履行职责,不作为、慢作为、玩忽职守的,要责令纪检监察机关依法依规进行追责,给予责任领导和责任人严肃党政纪处分。

对烟花爆竹禁售的通知,很多零售商表示不理解,说一年就做这一次生意,该政策的出台极大地影响其利益,有一家经销商说他家有70万元的库存,不让卖会倾家荡产。

请根据上述材料回答下面的问题:

(1)请结合材料,谈谈那你对河南"最严禁放令"的看法。

（2）政府发布政策后，有百余商户情绪激动，找到相关部门，要求给其说法，你作为环保部门的工作人员，领导让你处理，你怎么办？

（3）为了了解农村乡镇的烟花爆竹燃放情况，加强治理环境污染，领导让你负责调研，你会重点调查哪些内容？

试题 18：2017 年四川省公务员考试面试试题（7 月 13 日）

材料：济南交警的执法“奇招”

近期，济南交警启用“人脸识别”设备对交通违法者进行抓拍，这项“黑科技”刚一推出就引起网友关注。

据济南警方介绍，这套系统主要用于抓拍闯红灯的行人和非机动驾驶者，即便晚上也能清晰成像；抓拍到的行人，其闯红灯视频及放大后的头像将直接曝光在路口的显示屏上。此外，这套设备还与居民身份信息系统相连，通过人脸识别出的违法者姓名、身份证号码等个人信息，也将显示在电子屏上。

与“人脸识别”一同引发网友热议的，还有河南登封法院推出的“定制彩铃”措施。近日，登封市人民法院与当地移动、联通公司合作，由法院出具协助执行通知书，通过对“老赖”手机定制编辑彩铃的方式施以惩戒。

这些案例不禁让人想起更多新奇的执法手段。去年 11 月，深圳交警开展“严查远光灯”行动，被处罚的司机可体验远光灯照射。在有的地方，交警在整治行人违规时采用“罚抄交规”、拿旗指挥交通等方式……

对于众多执法“奇招”，网上不乏点赞之声。很多网友表示，这些非常规处罚手段“以其人之道还治其人之身”，往往抓住了违法行为人的“痛点”，营造了遵守法律法规的良好氛围。

不过也有人提出了质疑，辽宁法大（沈阳）律师事务所律师刘嘉熙指出，行政机关选择的具体措施应为法律必需，且对当事人权益损害最小化。“比如曝光闯红灯行人身份信息，是否涉嫌泄露公民个人信息？而让违规司机接受远光灯的照射，又有私设处罚种类之嫌。”

要坚守底线，也要“微创新”。

边开车边打电话、凑够了一堆就过马路、在公共场所随时点燃香烟……在很多人的日常行为中，类似现象几乎成为一种习惯。对此，专业人士认为，针对此类“中国式违法”，执法机构离不开创新治理手段，但创新要坚守法律的底线。

对于治理难，沈阳市浑南区交警大队警官刘家铭深有体会。他说，如果对闯红灯行人挨个罚款、教育，在高峰期交警根本忙不过来，还可能耽误指挥车辆。“正因为如此，基层执法如果不考虑实际情况、不接地气，则很难行得通。”

兰州大学法学院教授刘光华认为，对于违者众多、性质轻微的各种“中国式违法”，如何惩处已经不仅是一个执法问题，也是社会治理课题，关乎公民素质提升、习惯养成和构建良好法治氛围。

“一些执法‘奇招’作为社会治理创新的重要部分，其探索值得鼓励。”刘光华表示，在创新过程中，管理部门要保障程序合规，并明确执法边界。比如一些新举措要向社会提前告知，并赋予当事人申诉和救济的权利；对于收集到的违法者信息，要仅限于在执法效果追求的范围内使用，不可肆意扩大。

事实上，众多执法“奇招”都引入了底线思维。针对外界质疑，济南市公安局交警支队宣传处刘晓静回应称，系统只对成年违法者的头像进行曝光，且对他们的姓名、身份证号、单位等信息，也会隐去一部分。深圳市让违规司机体验远光灯照射也是作为一种自愿，而非强制行为，交警会事先征求司机意见，并让当事人查看确认。

如何让执法“微创新”发挥更大作用，刘光华认为，对轻微违法的治理还要追求“惩处一个，教育一片”的效果。比如，深圳市对“严查远光灯”行动在网络上同步直播，让超过 20 万网友观看。“这种做法激起了公众对滥用远光灯的关注和讨论，起到了通过执法来宣传教育、防止违法的效果。”

请根据上述材料回答下面的问题：

（1）“人脸识别”曝光、“定制彩铃”追债，你对这些执法“奇招”怎么看？

（2）此规定出台后引起社会热议，你是交警工作人员，领导安排你对此开展调查，你需要注意哪些方面？

（3）有人因受彩铃惩罚影响一项生意，家人闹到法院，并且可能有过激行为，你是工作人员，你会怎么办？

试题 19：2017 年四川省公务员考试面试试题（7 月 14 日）

材料：大别山山区的“亚洲最大高考工厂”

中国的大别山山区有一个“毛坦厂中学”，一所被称为“亚洲最大高考工厂”的“超级中学”，每年参加高考的人数超过万人，升学率高达 90%。近些年的每个 6 月 5 日，都会出现全镇万人送考大军的盛况，这个日子也渐渐成了毛坦厂镇的一个特殊“节日”。一所毛坦厂中学的背后实际是几万个家庭，并由此带动了当地乡镇的经济发展，房屋租赁、教辅、餐饮，甚至淘宝代购等一系列产业得到发展。甚至有人说：“没有毛坦厂中学，当地的乡镇经济就会崩溃。”

毛坦厂镇的声名远播，源于毛坦厂中学。成立于 1939 年的毛坦厂中学历史悠久。但在名声显赫之前，它只是六安市一所名不见经传的普通乡镇高中。2001 年 12 月争创省级“示范高中”成功，让毛坦厂中学声名鹊起。升学率是毛坦厂中学最大的竞争力。该校高考本科达线人数连续多年突破万人大关，应届一本达线率为 52.06%，本科达线率为 90%。毛坦厂中学的大部分学生来自农村，“神话”般的升学率使很多农村家庭趋之若鹜，“就像是收割庄稼一样，一茬接一茬”。当地人称毛坦厂中学为“毛中”，占地 1 500 亩（1 亩约合 666.7 平方米），属地毛坦厂镇的每一寸土地和空气，似乎都已被高考“浸染”。

关于毛坦厂中学陪读父母们的生活，我们采访了住在格子间陪读的吴阿姨。吴阿姨说：这样一个格子间，一年租金 7 000 元，“租房子加上学费，差不多一年要 6 万元，对我家来说，是一大笔钱，但为了儿子读书，没办法。”吴阿姨去年 7 月 30 日带着儿子搬进了这个格子间。“高考成绩一下来，我们就开始在镇上找房子。”直到租下这间房子，儿子才能进毛坦厂中学开始复读,“学校规定,没租到房子的,不给办理入学。”陪读家长的作息都是清晨五点半起床做饭,中午赶时间送饭到学校,下午织毛衣打发漫长时光,深夜送上消夜,继续陪孩子看书。

毛坦厂中学为了鼓励高三学生抓住每一秒的时间学习,将中午放学后的就餐时间压缩之后再压缩,仅留出15分钟给孩子吃饭。为了让孩子能够吃饱饭,学生家长早早便来到校门守候,等到放学,接到孩子就在校门口坐下,看着孩子吃饭。中午11:40,伴随着下课铃声响起,两分钟后,2万余学生如潮水一般涌向大门。面对到来的孩子,家长们迅速支好凳子,打开饭桶,递上热乎乎的饭菜,盯着他们一口一口将饭菜吃完,不时嘘寒问暖。而那些没有家长送饭的学生,很多选择在校门前的排档买快餐充饥。短短20分钟后,刚刚还潮水般涌出校门的学生流就开始返回,半个小时后,学校周边再次归于平静。中午时间,一个学生依然在坚持看书。每个学生在进入学校前都要签署协议,就像教室后的条幅一样。也有很多学生中午不回出租房,也是为了多节约时间,醒来后就可以看书。学生们都争分夺秒地学习。

这个乡镇学校创造了升学奇迹,带动了周边产业发展,但是被媒体谴责是考试机器。

请根据上述材料回答下面的问题:

(1)你对此怎么看?

(2)九月开学季,迎来家长和学子,镇政府怎么应对?

(3)假设你是毛坦厂中学高分考入大学的大学毕业生。一家很好的企业认为你是高考机器,不录用你,现在有一次机会和负责人沟通,让他录取你,你怎么劝说?

试题20:2017年四川省公务员考试面试试题(7月15日)

材料:

6月25日起,成都交警在全市范围内开展“车让人”专项治理行动。近年来,伴随我国机动车辆的与日俱增,因机动车事故死亡或受伤的人数呈不断上升态势,其中行人与机动车之间的矛盾更是愈发突出,每年因为不遵守交通规则,由于机动车和行人的互不礼让,发生的事故占到事故的90%。

在专项治理活动中,继路面民警对机动车斑马线不让行的违法行为进行整治后,28日,成都交警在全城启用“全球眼”,对不让行斑马线的违法行为,交管部门现在已经进行了“天眼地网”严查,并成为常态机制,及时发现和精准查处不按规定让行的交通违法。违法行为如何认定?交警部门表示,标准只有一个——斑马线应停车礼让。对于机动车行经人行横道未减速行驶的;以及遇行人正在通过人行横道时未停车让行的违法行为,一律依法予以罚款50元、记3分的处罚。

成都交警表示,交管部门将以人民路、蜀都大道两条交通主干道为重点,在城区打造首批12个文明礼让点位。同时,在全市范围逐步扩展治理重点和区域,主城区外的各区市县可以参照处理。

对于公交、出租、网约车等多个单位(平台),交管部门已提前沟通。如上述单位(平台)

驾驶员违反交规,不仅会被罚款记分,同时还会被抄告单位。

为了进一步保障市民安全过街,成都交警将优化行人过街信号灯配时,增设二次过街安全设施,特别是在未设置信号灯的斑马线前,科学增设"礼让行人"提示标志,增加斑马线夜间闪光警示设施。

为进一步促进礼让行人,市文明办组织开展宣传活动,志愿者拿着"车让人 我点赞"的绿色车贴,为礼让行人的车主贴在车辆尾部,和交警一起为让行斑马线的驾驶员点赞。

请根据上述材料回答下面的问题:

(1)请结合材料谈谈你的看法。

(2)交通局打算组织一个志愿者车让人过斑马线的活动,你是交通局负责这次志愿者活动的工作人员,你认为重点工作有哪些?

(3)一位老人闯红灯,志愿者阻拦,老人恼怒,把电动车停在斑马线,路人指责,老人更加恼羞成怒,如果你是志愿者,你该怎么办?

试题 21:2017 年四川省公务员考试面试试题(7 月 16 日)

材料:清华残疾学子的故事

6 月 26 日,"大美甘肃"微信公众号刊发文章《一位甘肃高分(648 分)考生的请求》,讲述了 19 岁甘肃定西考生魏祥身患重度残疾,以及全家为魏祥多年求学付出的艰辛努力。魏祥今年参加高考取得了 648 分的优异成绩,已经报考清华大学,他希望清华大学能提供一间宿舍,能和母亲一同前往,方便他顺利完成大学学业。

2005 年魏祥的父亲因身患不治之症去世。这些年来,母子俩相依为命,生活十分艰难。

"由于我身体的原因,无论我走到哪里,都离不开亲人的随身陪护,以便照顾我的衣食住行、生活起居,妈妈为了陪我上学无奈放弃工作,仅有的经济来源将要斩断……"该文说,魏祥有幸遇见了清华大学的招生老师,清华大学也有意录取他,得此喜讯,母子十分高兴,可又为如何度过大学生活而担忧,"恳切希望贵校在接纳我的同时,能够给我们母子俩帮助解决一间陋室,仅供我娘儿俩栖身而已,我将万分感谢!"

获知此消息后,清华大学招生办公室主任刘震在第一时间表示,考生魏祥的情况受到清华师生、校友和社会各界的关注,清华大学学生资助管理中心已和魏祥取得联系,确认录取后立刻开始资助。同时,多位校友提出资助意愿,后续学校相关部门会跟进落实。

据了解,26 日晚,清华大学校长邱勇致电学校招生办,关心魏祥的录取情况和在校生活安排情况,并指示相关部门妥善安排解决。清华大学党委书记陈旭要求学生工作相关部门第一时间对接,妥善解决魏祥母子的后顾之忧。

日前,正在甘肃开展招生工作的清华大学甘肃招生组组长薛建团表示,按照魏祥的考试成绩,该生报考清华大学很有希望被录取。目前,清华大学相关部门针对魏祥的各项资助工作已经启动,待正式录取后将具体落实。

薛建团说,清华大学学生处通过甘肃招生组了解到魏祥的详细情况,已着手准备相关资助工作。对于是否能满足魏祥母亲一同前往陪读的住宿需求,薛建团表示"学校以最积极的态度,尽最大努力解决”。

今天清华大学物业中心主任向春透露,学校已为魏祥母子准备好宿舍,在清华就读期间魏祥母子住宿费全免。

清华大学招生办公室今天还发出了《人生实苦,但请你足够相信》的信,表达了对魏祥前往清华大学就读的欢迎。信中表示,不幸的人生,各有各的悲苦,“但万幸的是,你在经历疾病和丧亲之痛后,依然选择了坚强和努力,活成了让我们都尊敬和崇拜的样子”。

请根据上述材料回答下面的问题。

(1)谈谈你对材料的看法?

(2)你是学校工作人员,魏祥母子到校后,你会怎么做?

(3)你是定西市文明办工作人员,打算帮他们申请感动中国人物,你怎么收集他们的信息?

试题 22:2017 年四川省公务员考试面试试题(12 月 15 日)

材料:市容管理部门洒水结冰致 38 辆车相撞

12 月 2 日,西安市莲湖区发生涉及 38 辆车的多起相撞事故,事故原因系有洒水车洒水导致路面结冰。按照西安市相关规定,冬季气温达到 3 ℃以下时,要立即停止一切形式的冲洒水作业,而事故当天的气温在 -1 ℃左右,但是到底由谁来为洒水结冰事件负责至今仍没有定论。

路面结冰致使 38 辆车相撞:西安市民李先生亲历了这场事故,他讲述了事件的经过,12 月 2 日早晨 6 点半左右第一起追尾发生,之后不断发生事故,到 7 点半左右的一个小时里,上百米道路上连续撞了 38 辆车。

洒水结冰该由谁负责?西安市城管局 10 月 27 日发布的《关于进一步做好冬季市容环卫管理工作的通知》规定,冬季气温达到 3 ℃以下时,要立即停止一切形式的冲洒水作业。记者询问西安市城管局,一名工作人员表示,往年收到过市民关于道路洒水的投诉,但从未出过重大责任事故,也从未追究过洒水单位的责任。莲湖区城管局的工作人员表示,“洒水事项是我们和市政一起负责的,西安的路段比较杂,我们会根据交警最终判定的路段来确定事故的责任人”。

西安市民曾多次投诉洒水问题:多位西安市民表示,冬天在路上洒水,对非机动车和行人造成很大的安全隐患。西安市城管局回复称,西安市地处内陆,道路灰尘比较大,扬尘情况比较重,加之我市进入冬季,雾霾天气时常发生,道路洒水作业是主要的治理措施。近期,市局再次印发了通知,重申秋冬季保洁作业有关规定,严防出现因保洁造成的道路结冰问题。

请根据上述材料回答下面的问题。

(1)对材料所反映的现象,谈谈你的看法。

(2)作为城管局工作人员,对于事故车主的投诉由你负责调查,怎样保证调查数据的真实性?

(3)你单位为此次事件准备组织一次员工培训工作,如果由你负责组织,你觉得这次培训的重点是什么?

试题23:2017年四川省公务员考试面试试题(12月16日)

材料:医生剪衣救人遭索赔 当事医生:再遇到还得剪

抢救室内,重度昏迷中的患者呼吸骤停。医护人员剪掉其衣裤,进行心肺复苏等操作,最终稳定病情。患者家属称,衣裤被剪坏后,部分财物在救治中丢失,遂向医院提出1 000元"失物费"的赔偿要求。

三甲医院武汉大学中南医院,经历了这样一场索赔。9月21日,4名抢救组成员以均摊形式,承担了这笔"失物费"。昨日,院方表示对抢救组的救治行为给予肯定,并全额承担赔偿。此外,武汉市卫健委已过问此事,要求在保护患者权益同时,安抚医护人员情绪。

当事医生、事发医院急救中心副主任夏剑告诉新京报记者,目前国内对于急救操作流程无统一规定,依靠医生根据实际情况判断,但在抢救中患者衣物往往"不剪不行",否则将耽误救治。其表示,患者行为"可以理解",也检讨自身工作"可以更细致"。

抢救中剪开患者衣裤 家属索"失物费"

9月11日下午4点25分,一名患者被送至武汉大学中南医院急救中心。资料显示,这名男性患者名叫李平(化名),今年34岁,是武汉市区一家网吧的网管,在工作中忽然昏厥,网吧老板拨打120送医。

医院急救中心副主任夏剑回忆,患者突发肺栓塞导致昏迷,送医时心脏和呼吸均骤停,属于"极度危险",急救中心医护人员随即组成抢救组救治。

现场监控视频显示,至少8名医护人员参与抢救,其中4人先后对李平的胸部进行按压。下午5点半左右,两名医护人员用剪刀剪开患者短裤及上衣,并将之放置一旁。半小时后,抢救组使用人工心肺仪,对患者进行救治。

"使用人工心肺仪后,李平情况有所好转,并于当日晚间被转入ICU(重症监护室)治疗。"夏剑介绍,7天后,患者病情进一步缓解,院方将其转入普通病房看护。

9月17日,李平的父亲向医院提出,李平醒来后称,裤子口袋内现金500元、身份证、银行卡、数据线,与被剪开的衣裤一道丢失。其表示,医院应当承担衣物损坏、财物丢失而产生的损失,并据此提出1 500元的赔偿要求,名为"失物费"。

医护人员凑钱赔偿后 院方全额承担

院方表示,患者家属9月17日提出索赔时,医院认为现场医护人员抢救未出现差错,且患者财物丢失原因尚不明确,拒绝作出赔偿。19日晚,李平家属报警后,与警察一道来到医院,再次提出赔偿要求。最终双方达成协议,因处理患者衣物时未清理衣内财物补偿其损失1 000元,4名主要参与抢救的医护人员均摊。

《新京报》记者获得一份李平父亲手写的"收条说明",其中称,李平"于9月11日因呼吸心跳停止在中南医院急救中心抢救,遗失袋内物品,要求贵中心赔偿损失1 000元,该中心医务人员应要求,赔偿现金1 000元"。

李平父亲在接受当地媒体采访时说，对医生全力抢救儿子生命表示感激，但“一码归一码”，医院没把李平口袋里的财物交给家属，“工作中存在失误就应该赔偿”，“500 元是衣裤、数据线的费用，500 元是现金损失，补办银行卡、身份证需要的时间成本还没计算在内”。

事发后，武汉市卫健委过问此事，要求保护患者权益的同时，安抚医护人员情绪。医院一名负责宣传的工作人员称，院方对抢救组的及时救治行为给予肯定，并全额承担这一费用。

请根据上述材料回答下面的问题：

（1）对于这个现象，你怎么看？

（2）你作为护士长参与警察调解，与患者父亲一起协商解决纠纷，你会怎么与患者家属进行沟通？

（3）医院准备组织医护人员进行规范医疗操作流程的培训，假如你是培训负责人，你会怎么做？

试题 24：2017 年四川省公务员考试面试试题（12 月 17 日）

材料：醉驾入刑的处理

今年 1 月 17 日，浙江省高院、省检察院、省公安厅通过印发《关于办理“醉驾”案件的会议纪要》（简称《会议纪要》），对醉驾入刑的细节进行调整。《会议纪要》明确，酒精含量在 140 mg/100 mL 以下，且无造成他人轻伤及以上后果的等八种情况，可以不起诉或者免予刑事处罚。

浙江温州男子张某醉驾并与他人发生碰撞，在符合不起诉条件下，他自愿完成 30 小时社会服务，最终拿到了检方的“不起诉决定书”。记者了解到，让符合不起诉条件的犯罪嫌疑人参加公益服务，对其帮教，从而实现以购买公益服务的方式落实醉驾不起诉，这在国内尚属首例。

经审查认定，张某归案后能如实供述，也无从重情节，酒精含量在 140 mg/100 mL 以下，且已调解赔偿，基本符合相对不起诉的标准。不过，瑞安市检察院却并不打算让这份“不起诉决定书”下达得如此轻易。

该院根据相关司法解释规定，结合检察工作实践，联合瑞安市公安局、市司法局、市“爱心顺风车”公益组织，共同出台了《关于“醉驾”案件实行购买公益服务落实不起诉的意见》，将专业化社会工作服务引入到部分适用不起诉的危险驾驶案件帮教工作中。

《意见》明确规定，由“爱心顺风车”公益组织安排犯罪嫌疑人学习交通规章、担任交通劝导员，在交警规定的区域进行交通劝导和宣传等公益服务。在达到规定的 30 小时以上服务时限后，由该公益组织联合公安机关评估其表现，出具书面考察报告，瑞安市检察院将根据此反馈作出不起诉或起诉的决定。

张某接受检察官的建议，在十多天里他平均每天都会在交警规定的十字路口进行若干小时站岗，累计分值超过了 80 分。11 月 27 日，他拿到了瑞安市检察院的“不起诉决定书”。

“购买公益服务对危险驾驶案件涉案人员进行帮教，是我们检察院今年的一项重要创新工作，旨在帮助涉案人员改善对醉酒驾驶的认知状况，从而预防和减少危险驾驶犯罪，维护公共安全，增进人民群众的安全感。”瑞安市检察院副检察长应维新介绍。

请根据上述材料回答下面的问题：

（1）有人认为这是宽严刑法，有人认为是纵容犯罪，你怎么看？

（2）李某是之前被判刑的醉驾人员，看到这个消息，认为自己的行为与张某类似，可处罚力度和张某截然不同，李某及家人表示不服，来到检察院闹，假如你是检察院的工作人员，该如何处理？

（3）公安局联合法院、检察院开展酒驾教育的宣传，你作为公安局民警，会如何组织这次宣传活动？

试题 25：2017 年四川省公务员考试面试试题（12 月 18 日）

材料：小区遛狗引发争执

8 月 30 日中午 12 点过，家住成都麓山国际社区的邓女士下楼到超市买东西，顺便将家中 6 个月大的金毛狗带出门溜，赶时间的她并未拴牵引绳。就在超市门口，活泼的小金毛摇着尾巴朝一名小孩跑去，“狗狗一边跑我一边追着把它喊回来，同时还大声对小朋友身边的家属喊，狗狗不会咬人。”女子称，自己还没有追上狗，便看见小朋友的爷爷朝狗狗的肚子上狠狠踹了一脚。

邓女士见狗被踹，上前理论，双方随后发生肢体冲突，邓女士称，对方一家三口将其打伤，并造成全身多处伤口。“尤其是脸，已经一半毁容了，我还是一个主持人，靠脸吃饭，如果好不了，今后都做不了工作。”

9 月 1 日，《成都商报》客户端记者了解到，就此事，当事双方目前正在派出所调解，事件均在取证调查中，性质尚无定论。同时，对方代表律师表示，将配合调查，根据警方调查结果进行调解、赔偿等处理。在协商过程中，邓女士表示，自己在公共场所遛狗，并没有拴牵引绳，确实做得不对，对此她表示歉意。但对方因此踢狗，同时辱骂自己，甚至动手打人她觉得确实不应该。

根据《成都市养犬管理条例》第三十三条规定：养犬人携犬出户，应当将犬只装入犬笼、犬袋或者由完全民事行为能力人使用犬绳牵领；避让老年人、残疾人、孕妇和儿童及其他行人；及时制止犬吠和攻击行人行为。

请根据上述材料回答下面的问题。

（1）对这个事件，谈谈你的看法。

（2）争执现场市民围观起哄，假如你是社区工作人员，你会怎么办？

（3）假如你是派出所民警，和动物卫生监察所合作宣传文明养犬活动，你会如何做好宣传？

试题 26：2018 年四川公务员考试面试真题（3 月 15 日）

材料：洒水驱人有点笨

“每两小时喷一次，每次 20 分钟”——据《南方都市报》报道，近日，在广东广州越秀区江湾大酒店面对珠江边的一段骑楼下，安装上了定时喷水装置，原先露宿在喷头下面的近20名露宿者，大部分已经被迫离开。街道城管、物管部门回应，安装定时喷水装置驱赶露宿者，是为了美化市容，不得已而为之。

为了驱逐街头露宿者，一些城市可谓“花样翻新”，有安装防护栏的，有浇水泥墩的，如今，又来了浇水的。节约用水跟驱赶流浪汉相比，似乎不值一提了，这合适吗？城市管理者的智慧有时实在让人不敢恭维，会堵不会疏，堵起来不计成本、不遗余力。这让流浪者心寒，也让公众失望。

请根据上述材料回答下面的问题。

（1）根据这篇材料，谈谈你的看法？

（2）你作为民政局的工作人员，要让流浪者前往救助站，你会怎么劝说？请进行现场模拟。

（3）你是某区城管局的工作人员，要和公安、民政部门联合开展一个流浪者的调研活动，重点是什么？

试题27：2018年四川公务员考试面试真题（7月13日）

材料：环保局的做法“不环保”

环保局局长为了数据好看，通过一些非法手段，让环保数据好看，然后被依法处理（配图：一个男的通过大屏幕给领导介绍当地的绿水青山，但是屏幕后面的实际情况却是乌烟瘴气）。

请根据上述材料回答下面的问题。

（1）谈谈对于材料的看法。

（2）在单位内部组织一个警示教育、作风宣传活动。

（3）你作为新的领导到了该单位，但是同事们士气低落，你怎么和他们沟通？

试题28：2018年四川公务员考试面试真题（7月14日）

材料：扶贫干部的考核

新闻热点麻辣评讯 记者李志强报道：日前，新闻热点麻辣评记者获悉，龙南县下发通报，对17名在脱贫攻坚知识考试中不及格的干部进行全县通报批评。

据悉，为进一步提升扶贫干部业务能力和水平，2018年6月6日下午，龙南县组织各帮扶单位派驻的村“第一书记”和工作队长、各村（社区）党组织书记和村主任共计275人进行了脱贫攻坚知识考试。从考试成绩来看，绝大多数单位和干部能够高度重视，认真听讲、认真学习脱贫攻坚知识培训，整体成绩较好，但是也有部分单位和干部对脱贫攻坚重视不够，学习不全面、不深入，对脱贫攻坚知识掌握不够透彻、业务不够精通。特别是夹湖乡花树村主任赖余湖（24分）、夹湖乡新城村主任宋运汗（30分）、九连山镇润洞村主任陈新添（31分）、东江乡大稳村书记陈胜（40分）、东方资产管理公司南昌办事处驻杨村镇五星村工作队队长程玉萍（41分）、渡江镇岭下村主任钟志中（41分）、关西镇翰岗村主任郑志房（41分）、杨村镇蕉陂村主任徐智勇（44分）、县人保寿险公司驻安基山林场林中村工作队长廖巧梅（45 分）、夹湖乡新城村书记宋林辉（46 分）、杨村镇坪湖村主任廖运添（49 分）、里仁镇中兴村书记兼主任曾广伟（52 分）、龙南镇金塘社区书记兼主任廖小平（53 分）、里仁镇新园村书记李绍龙（56 分）、里仁镇新园村主任朱美凤（58 分）、桃江乡窑头村主任李声华（58 分）、杨村镇垇下村主任叶生华（58 分）等 17 名干部考试成绩在 60 分以下。

为进一步严肃工作纪律，龙南县决定对这 17 名干部进行全县通报批评，同时要求各乡镇要加强脱贫攻坚知识培训，采取丰富多样的形式帮助辖区内扶贫干部提升脱贫攻坚知识水平，确保懂业务、懂政策，为全面打赢脱贫攻坚战贡献力量。

请根据上述材料回答下面的问题。

（1）对材料反映的问题，谈谈你的看法？

（2）组织一次扶贫攻坚培训会议，你是负责这次培训的工作人员，如何开展培训？

（3）有一位驻村干部工作踏踏实实，经考试却不在合格名单中，为此这位干部情绪很低落，你如何与他沟通？

试题 29：2018 年四川公务员考试面试真题（7 月 15 日）

材料：一封小学老师的辞职信引发的思考

近日，一封来自河南驻马店西平县小学老师的辞职信火了。写信的是一名小学四年级班主任，此前，这位老师把学生在校默写古诗的成绩和照片发到了家长群里，引发了部分家长的不满。

老师在信中说，“没有考虑到个别差生和家长的感受及自尊，给个别家长造成了严重的心理伤害。家长早上声称要我去登门道歉，如若不然就把我告到西平县教体局。我很惶恐，深感自己专业知识的不足，不能胜任四年级班主任的工作，故申请辞去。”

据《大河报》4 日消息，该老师还在家长群里发表道歉信息，称考虑到学生的心理及生理健康，以后不会再因为学习任务没完成而将学生留校。希望家长们多提意见和建议，不要出点问题就把老师告到局里，“我需要每个月 2 607 块钱的工资养家！跪求各位家长了！”

这件事在网上引起广泛讨论，尤其在教师群体中产生共鸣，许多老师感叹，做老师太难了！

教师共鸣：家长过激反应会让老师产生畏惧

西平县小学老师的一封辞职信在网上传播后，引起了众多教师的共鸣，郑州市二七区政通路小学的景松峰校长认为，这封辞职信显示出一名小学教师在被家长威胁要“登门道歉”否则就“到教育局反映”的情况下，显示出的一种无奈、惶恐和对教师职位绝望的情绪，令人心酸，但这种消极的态度还是不可取的。

景松峰认为，在全班家长的微信群里，发布学生的默写情况，这会让那些成绩好的家长和学生感到脸上有光，而对那些成绩差的学生和家长而言，会因此感到很没面子。在这一点上，这位小学老师做得确实欠妥，但并不是什么大错，家长没必要因此上纲上线，要求老师登门给学生道歉，完全可以通过私下沟通的方式，把此事解决。

郑州市淮河路小学的金老师说，作为小学的班主任，大多工作压力较大，不仅要教好孩子的文化课，还要负责孩子在学校的其他事务，每天忙得团团转，许多教师为了提高班里孩子的成绩，连自己孩子的功课都没时间辅导。因此，家长们需要多多理解。

郑州育才小学的张老师说，大多数小学生的家长对孩子的期望值都非常高，有一部分家长一方面要求孩子成才，另一方面又进行“过度保护”，一旦听说孩子在学校被老师当众批评或责罚时，就本能地作出过激反应，不仅会影响孩子对老师的尊重，还会让老师们在今后的教学工作中产生畏惧。

建议探讨：慎重公布学生成绩和在校表现

在网络时代，很多学校的老师为了便于与家长的沟通交流，建立了家长微信群。然而，在这个家长都在的群里该如何发布信息、发布什么样的信息，是值得探讨的事。

“在群里只有表扬，不提批评。对于犯了错误、没完成作业或者成绩出现明显滑坡的孩子，我会单独跟家长沟通的。”郑州市二七区政通路小学六三班的班主任杨小芳说，她平时在教学中，对在家长微信群里发布每一条信息都会很慎重，尤其是考试成绩，只发考满分的学生，其他的都是家长私下询问时，单独告诉对方。

“扬善于公庭，规过于私室。”郑州市中原区澜景小学的赵京雯校长认为，在家长群里，应多采用积极的态度，对孩子的努力和成绩给予表扬，不要批评某一个孩子。因为对犯错误的人来说，被当众批评带来的激励作用甚小，所造成的伤害却很大。孩子的家长在群里看到自己的孩子被当众批评时，也会觉得脸上挂不住。所以要多表扬，慎批评。

“对于驻马店西平县小学这位学生家长要求老师登门道歉的要求，我认为有点反应过度。作为家长，首先要看看老师这么做的出发点是什么，可以私下与老师进行沟通，如果与老师沟通不了，可以找学校领导反映，没有必要因为这点小事，就要到教育局告状。”赵校长说，老师在微信群里公布班里学生默写古诗的成绩，本来是一件很小的事，却让家长反应如此强烈。家长的过度反应，在一定程度上还会影响到自己的孩子，使孩子放大对此事的感受，产生自卑心理。

家长看法：老师的出发点是好的，应该多理解

在网上看到“小学老师辞职事件”的报道后，虽有些家长认为老师把学生成绩发在家长微信群里有失妥当外，不少家长对这位老师表示了同情。一名叫周莉的家长认为，家长如果不能在孩子面前维护老师形象，就不可能更好地教育孩子。

周莉说，家长是孩子的第一老师，平时的言传身教，都会对孩子产生潜移默化。家长如果发现老师在全班的微信群里公布了自己孩子的差成绩，可以私下找老师沟通，指出老师的做法不妥当，而不是当着孩子的面指责老师，让老师向孩子登门道歉，这不仅会让孩子从此不再“敬师”，还会让孩子从小就学会了斤斤计较，不利于孩子的成长和学习成绩提高。

“小学的老师都比较辛苦，尤其是班主任，除了教学外，还要批改作业，管理孩子们的课外活动等，应该多理解和包容他们。”学生家长藩国栋说，每一位老师，都想把班里的每一名孩子都培养成才，这与家长的想法都是一致的。所以，家长不要轻易把老师当成对立面，无论什么时候，都要积极配合老师的工作，与老师站在同一个立场上去教育、管理、督促孩子。

请根据上述材料回答下面的问题：

（1）请谈谈你对材料的看法。

（2）你是该校校长，该教师要辞职，你怎么做思想工作？

（3）你是县教育局工作人员，要开展立德树人的培训活动，你如何开展？

试题30：2018年四川公务员考试面试真题（7月16日）

材料：机关"年终总结"引发的风波

今年年初，内江市东兴区纪委，在例行检查各乡镇（街道）领导班子成员2017年的述责述廉报告（俗称"年终总结"）时，发现216名乡镇（街道）科级领导干部中，有18人存在照抄照搬、抄袭拼凑或相互抄袭的现象，"有的甚至把2016年的总结时间改为2017年，或者把文中的'十八大'改为'十九大'，就交上来了。两个年度的总结，内容95%相似。"

这18名领导干部均被通报批评，并限期重新撰写述责述廉报告，交党委书记审核、报区纪委存档。其中，两名相互照抄总结的领导干部还受到了责令作出深刻书面检查和诫勉谈话处理。

内江市东兴区纪委副书记、监委副主任郭启文说，通报批评、诫勉谈话、书面检查，原本是不同的三种处理方式，三种处理方式合并使用，这在"第一种形态"运用中属于顶格处理。"这么大的处理力度，说明了我们当初的震惊程度，也证明了我们对此事的重视程度。"

内江市委常委、市纪委书记、市监委主任黄春江对东兴区纪委监委的处理持肯定态度，"这是对干部队伍中的形式主义说不。"

近日，《华西都市》报-封面新闻记者前往内江现场调查了解此事，有被处理干部说："年终总结年年交，以为没人看，没想到上级会如此认真。"

突查　这次市纪委的检查有些不寻常

今年1月9日，内江市纪委监委党风政风监督室副主任李婕，带队到东兴区，检查东兴区委、区政府领导班子2017年度全面从严治党主体责任落实情况。行前，内江市纪委副书记、监委副主任李斌告诉李婕："抓不出问题，你们就不要回来。"

李婕把压力层层传递，要求东兴区纪委接受检查的内容不仅是2017年的，"还要提供2016年的"。这让迎接检查的李琳有些意外。李琳是东兴区纪委监委党风政风监督室的负责人，她告诉记者："以前，检查都只看报告内容是否齐全，包括党政'一把手'履行党风廉政建设第一责任人责任、其他班子成员履行'一岗双责'，以及领导干部个人廉洁从政等内容。这次市里为什么不按常理出牌、还要前一年的？"

上级机关的不寻常做法，让李琳更加重视这次年终专项督查。她与鞠武利、段治鑫、张婷三位同事商量后，提出了从述责述廉报告入手，深入纠治形式主义新表现的工作思路。征得上级领导同意后，1月18日，他们马上逐一电话通知乡镇、街道：请立即将班子成员2016年的述责述廉报告交到纪委来。通知特意没有说明收集的原因。"免得有人弄虚作假，临时篡改。"张婷说，"有的乡镇（街道）不知道为什么要收前一年的。还发生了插曲，有人打电话，说你们是不是通知错了？现在是2018年，应该收2017年的，怎么还会收2016年的？"

1 月 19 日,216 份 2016 年的总结,全部收回来了。

惊讶　两年的报告,改个数字就了事

2017 年度的述责述廉报告,早在 2017 年 12 月年终考核时,区纪委就收齐了。2016 年度的报稿收上来之后,李琳、鞠武利、段治鑫、张婷四人用了将近一周的时间,逐一对比、仔细察看。李琳说,对比着看,完全是市纪委这次的不寻常之举提醒了她。逐一对比有两种方式:同一个人,前后两年的报告,纵向对比着看;同一个乡镇(街道)的班子成员,横向对比着看。看着看着,令人惊讶的事情发生了。段治鑫在对比检查苏家乡人大主席曹明的报告时,吃惊地发现——曹明完全在"抄袭自己"。"他抄袭自己前一年的。前后两年的总结,他只改动了两处。第一处是标题,2016 年是《2016 年度述责述廉报告》; 2017 年是《2017 年度履职情况工作报告》;第二处是总结的第一段第三句话, 2016 年写的是:以'十八'重要精神思想为指导, 2017 年则改动为:以'十九'重要精神思想为指导。其余几乎一个字没变。"(记者注:原文有误,应为"十八大""十九大"。)

让段治鑫吃惊的事情,还不止于此。段治鑫把苏家乡与曹明同一个班子的其他几位领导干部的总结又拿来进行比对。"当时很吃惊!"段治鑫说,苏家乡党委副书记陈秀美的总结,与曹明的几乎完全一样,"两人的总结,内容 95% 相同。都是三个小标题,只有第一个小标题略有不同:曹明写的是'加强学习夯实自身思想政治基础',陈秀美写的则是'加强理论学习提高拒腐防变能力',其余两个小标题完全一样;另外还有一处不同,是最后一段的第一句话,曹明写的是'作为乡人大主席',陈秀美写的是'作为党委副书记'。"段治鑫将自己的发现,汇报给了李琳。

问责　三种处理合并使用 给全区一个警醒

仔细对比后,李琳同样很吃惊,"太不像话了! 对组织安排的工作,竟如此敷衍!"李琳马上将情况汇报给了上级领导,上级领导见此情形也是吃惊不小,马上带着曹明、陈秀美的几份总结,找到了东兴区委常委、区纪委书记、区监委主任欧阳健承。欧阳健承将几份报告亲自对照后,直摇头:"除曹明、陈秀美之外,其他人的呢?"李琳回答说,其他还有 16 人,也不同程度存在照抄照搬、抄袭拼凑或相互抄袭,"个别乡镇的纪委书记,前后两年的报告,甚至只改动了案件数据。"闻言,欧阳健承说:"每年的重点工作、中心工作,都不一样,报告里面都没有体现出来?"李琳回答:"没有。"欧阳健承当即决定:"一定要问责! 这次要抓典型,给全区一个警醒!"

几天之后的 1 月 31 日,东兴区纪委发出"内纪东〔2018〕7 号"文件,对顺河镇、双才镇、苏家乡的 18 名领导干部进行通报批评,责令限期整改。依据《四川省党风廉政建设党委主体责任追究办法(试行)》,决定对曹明、陈秀美进行诫勉谈话。

2 月 1 日下午 4 时,在苏家乡党委书记李世宏办公室,李世宏对曹明、陈秀美进行了诫勉谈话。2 月 6 日,曹明、陈秀美的书面检查,交到了区纪委。同时交来的,还有责令重新撰写的 2017 年度履职情况报告。

"这样的处理,会对当事的干部产生什么影响?"记者问。李琳回答:"责任追究情况,是领导班子及其成员业绩评定、奖励惩处、选拔任用的重要依据。受到责任追究的领导班子、领导干部，将被取消当年年度考核评优和评选各类先进的资格。”

内江市东兴区纪委副书记、监委副主任郭启文告诉记者，通报批评、诫勉谈话、书面检查，原本是不同的三种处理方式，而三种处理方式合并使用，这在“第一种形态”运用中属于顶格处理。“这么大的处理力度，说明我们当初的震惊程度，也证明了我们对此事的重视程度。”

包括曹明、陈秀美在内被处理的18名领导干部，受到的警醒效果也非常明显。有人说：“年终总结年年交，以为没人看，没想到上级会如此认真。”

“声音” 内江市纪委：对形式主义说“不”

对东兴区纪委监委对照搬照抄工作报告的领导干部的处理，内江市纪委监委持肯定态度。

内江市纪委副书记、监委副主任李斌对东兴区的做法，评价为“敢于亮剑”。他说，基层干部直面群众，总结回顾一年的工作，岂是简简单单变换几个文字、调整几个数据就能完成的，“这是对党、对组织、对自己、对群众极度不负责任的表现！东兴区对这种浮于表面的作风及时‘亮剑’，得到了广大干部群众的关注和一致好评。”

内江市委常委、市纪委书记、市监委主任黄春江，谈及此事时也接连点赞。他说，这是对干部队伍中形式主义坚决说“不”，充分展示了内江市市县两级纪委监委的政治勇气和驰而不息查纠“四风”、改进作风的责任担当。

在黄春江看来，领导班子成员年终述责述廉报告照抄照搬、抄袭拼凑或相互抄袭，“看似文风问题，实则是缺乏担当、作风不实的具体表现。党员领导干部的文风，折射的是其作风和日常工作状态，我们可以由此观察其所在党组织对全面从严治党重大决策部署贯彻落实的情况。文风不正、作风不实，必然影响效率、耽误工作，最终损害的是党的形象和广大群众的利益。对此类问题，内江市县两级纪委监委将坚决予以查纠。”

请根据上述材料回答下面的问题：

（1）请谈谈你对材料的看法。

（2）在单位开展一次作风建设主题活动，重点是什么？

（3）你是纪委工作人员，检查的时候查到某单位工作人员文字功底差，你怎么办？

试题31：2019年四川公务员考试面试真题（6月21日）

材料：大团镇临时销售点取消，瓜农遭遇卖瓜难

现在正是甜瓜上市的旺季，大团镇的部分瓜农反映，今年设在路边的瓜果临时销售点被取消了，导致他们售卖甜瓜成了难题，希望相关部门考虑他们的实际困难，恢复临时销售点。

记者来到南团公路东大公路边看到，这里原本挂着的临时瓜果销售点的牌子已经不见了，空地也被铁栅栏围了起来。

瓜农告诉记者，没有了临时点，在马路边卖瓜是不允许的，城管来了就把他们赶回村里。瓜农姚玉宝：现在一点也不好卖，城管要把我们赶进去的。瓜农任彩红：原来瓜果市场就在

这里，现在给拆掉了，它拆违了，而且甜瓜卖起来不好卖了，一路赶进去嘛就不好卖了。瓜农唐彩龙：原来有这个市场的时候，我们蛮好销售的，现在不好销了，销量慢了，收购的人没有了。

据悉，这些瓜农大多为散户，销售渠道匮乏，他们希望相关部门能够重设临时瓜果销售点，给他们一个安心售卖甜瓜的场所。

眼看着辛苦种出来的甜瓜无法销售，心里的确挺着急的，不过路边的销售点本来就是临时性的，仅靠在路边售卖甜瓜也非长久之计，我们也呼吁相关部门能与瓜农们沟通解决办法，让执法有效又有人情味。

同时也建议瓜农们跟上时代的发展，多多拓展新的销售渠道，比如与合作社或者电商平台合作，把自己的产品推向更大的市场。

请根据上述材料回答下面的问题。

(1)针对材料中的现象，谈谈你的看法。

(2)由于出现了卖瓜难，部分瓜农聚集在镇政府门前讨要说法，领导把此事交由你去处理，你会怎么办?

(3)为了解决卖瓜难的问题，镇政府现准备展开调查，如果此事交给你负责，你认为本次调查的重点是什么?

试题 32:2019 年四川公务员考试面试真题(6 月 22 日)

材料:一则男子狂打老师的视频引发的风波

近日，网传河南栾川一名男子狂打 20 年前的初中老师，在网传视频中，这名 30 岁左右的男子多次抽打一名坐在电摩托车上的黑衣男子，并一直喊话，“你以前咋削我的，你还记不记得。”骑车男子全程未还手，还向打人者致歉，称“对不起”。12 月 19 日，记者从栾川县宣传部得知，事发在今年 7 月份。此视频流出后，被打老师曾在本周一前往派出所报案，目前此事正在调查中。

在一网传截图中，疑似打人者常某回应，称 20 年前，一直遭到老师张某的殴打，心中有心结。在今年夏天，偶然遇见张某，于是忍不住上前出气。这则截图在多处传播，在一相关贴吧中，有网友留言，曾遭到老师张某的体罚。当地一位居民向记者介绍，自己曾是张某的学生，也受过张某体罚，并表示，“体罚确实很严格”，但同时，他也觉得老师的出发点是好的，认为打人者不应该。在多处贴吧中，《潇湘晨报》记者注意到，有多名网友留言表示，遭到这名被打老师张某的体罚，还有传言称，曾有一名女生因此退学。12 月 19 日，《潇湘晨报》记者联系到一名曾是张某学生的居民，对方称，自己比打人者常某大几届，也曾遭到老师张某的体罚，并透露，“张老师体罚确实很严格”。但同时，他觉得“老师体罚学生的出发点是好的，只是方式可能不太对。”他认为，“打老师肯定不对。”

此事已经对张某造成很大的心理压力，“中午吃饭，下午开会，都看张老师一个人坐在一边，不说话。”对于视频中学生的行为，这位同事也表示愤慨，“打老师肯定让人很生气。”而对于网传此事因张某体罚学生引起，该老师表示，对此事无从判定，但从相处中，他觉得张某是一位踏实、内向的人。

请根据上述材料回答下面的问题。

(1)结合材料,谈谈你的看法。

(2)打老师学生被拘留后,情绪低落,但他对打老师并不后悔。假如你是拘留所工作人员,你会如何开导他?

(3)司法局和教育局准备联合开展法制宣传活动,你认为宣传活动的重点是什么?

试题 33:2019 年四川公务员考试面试真题(6 月 23 日)

材料:"农妇 70 亩小麦必须用手割"事件引发社会广泛关注

芒种时节,天气如小孩的脸。农民收麦,好比是"虎口夺粮"。最近,河南省驻马店市上蔡县一户村民抢收粮食时因麦田靠近空气质量监测站被禁用收割机。6 月 6 日,此事经媒体密集报道后舆论哗然。

当然,事情也因此有了转机。7 日,上蔡县委一位负责人回应称,县委县政府高度重视,目前收割机已进场,当天天黑之前能收割完。同日,河南省攻坚办下发紧急通知,要求坚决反对环保形式主义,严防"一刀切"现象,坚决制止各种官僚主义、形式主义行为,切实保障人民群众利益。

是非曲直,一目了然。

地方部门担心收割机扬尘影响"好天气"的数据,于是就因噎废食地对收割机一禁了之;于是,村民只能以手割方式来收获"刮风下雨后大面积倒伏并开始发霉"的 70 亩小麦。地方部门据说也是蛮委屈的,因为"刘女士(当事村民)所种的 70 亩麦地已被蔡明园征收"。但问题就接踵而至:第一,既然不是刘女士的责任田,怎么随便就能让她种上几十亩麦子的?第二,既然相关土地已被征收,若不是种了麦子岂非撂荒长草去?这两个问题,前者指向常规管理,后者指向征地效用。因此这份"委屈",谁也没好意思说得太深。

回到"好空气"的数据压力上来。如此刻舟求剑,到底是以数据为本还是以民生为本呢?

空气质量监测站旁边的麦子当然是不幸的,谁让它们"长错了位置"呢?不过,这种摆不上台面的操作,当然只能私下对村民"秀秀肌肉"罢了。媒体一曝光,不仅收割机开进了麦田,连"环保型收割机"也补妆登场了。那么,环保指数既然与收割机割麦不是鱼和熊掌的关系,为什么常规执法中非要一禁了之呢?

看起来,是因为执法者与庄稼之间没有感情,是简单粗暴的政绩观歪曲了行政作为。说到底,还是官僚做派太任性:一则,权力者想出这么个馊主意,内部竟然没有人出来质疑或阻挡?二则,当地城管执法局说"严禁"、村民竟然听从,这背后的执法生态不免叫人浮想联翩。纠偏机制呢?监督通道呢?此外,事情的解决仍是不明不白、不清不爽——既没有看到责任清单,也没有分析出乱象之源。为了治污就"治死"、解决问题却又制造更大问题,基层治理在最后一公里(千米)上"脱缰狂奔",是给收割机下田发个许可就可以翻篇过去的吗?

请根据上述材料回答下面的问题。

（1）“农妇70亩小麦必须用手割”事件引发社会广泛关注，你怎么看？

（2）刘女士及家人到服务大厅讨说法，引起群众围观，作为大厅工作人员，你怎么处理？

（3）针对秸秆禁烧做宣传，你认为重点是什么？

试题34：2020年四川公务员考试面试真题（1月9日）

材料：高速公路ETC服务引发的风波

又快到了一年一度的回家季，人们乘坐各种交通工具赶往家乡，有的人坐高铁，也有些人选择开小车回家，既方便又快捷。可是放眼回看前几年，每年的春运都会堵车，那叫一个心烦啊，尤其是在高速收费站那个路段，堵车那叫一个严重！因此，相关部门推出的ETC，可以说是大大方便了小车司机，但有些人却不这么认为。

ETC最主要的用途就是方便，但是对于那些不经常跑高速的车主来说，简直是有点累赘，他们拒绝办理ETC，也不是没有道理的。广西桂林有对夫妇，就因为没有办ETC，遭收费员拦截禁止上高速！这对夫妇将车开进了人工收费车道时，由于系统无法识别车辆，因此导致他们取不了卡，结果双方就开始吵了。两人虽解释车不是本人的无法办ETC仍无果。等了近两小时后，直到当晚8点多，车辆才被允许经人工通道上高速公路。

本来没什么大问题的，可是那位收费员的素质有点差！女子跟他讲道理也不听，甚至还扬言高速公路是他们公司修的，不是国家的！最后，对方甚至说出不差你这一个客户的话语！引起人们热议此事的另一个成因，是收费员的一句解释“除非现场办ETC，否则……”今年ETC的全力全员推广尽人皆知，但被此收费员在收费站举起了强制性办理的“大王”旗，却令许多吃瓜群众的情绪大为波动。

事发后，前前后后耽误了两个小时，这对夫妇才终于上了高速。相关高速公路公司通报称，收费班长工作态度差，与司机发生争吵，还多次使用服务禁语，决定对其给予开除处理；该收费站站长负管理不严之责，亦被降职。

请根据上述材料回答下面的问题。

（1）请你根据实际经验，谈谈对这则材料的看法。

（2）这件事情发生之后引起了网友热议，假如你是舆情宣传中心的工作人员，你怎么办？

（3）要组织一个规范服务标准的专项整治活动，领导让你进行组织，你怎么做？

试题35：2020年四川公务员考试面试真题（1月10日）

材料：“社会扶贫”APP上发的“奇葩”需求

“腿摔断希望有台跑步机锻炼身体；本人爱好喝酒需要米酒；早就听说过波司登带劲，一直没穿过，需要一件试一下……”近日，不少网友反映，一款名为“社会扶贫”的APP上，经过认定的贫困户提出不少“奇葩”需求，引发舆论热议。

对此，有网友评论“看着不贫，要求还挺高”“正当壮年的人，伸手要东西，醉了”“我也想吃，我还习惯从小吃牛里脊，是不是也可以去申请啊”，也有网友认为，“真正贫困的估计智能手机都用不了，还下啥APP呢，应该是帮扶干部帮填的，有些甚至闭眼填。”

公开资料显示，“社会扶贫”APP由中国社会扶贫网主办，是国务院扶贫办主管的唯一社会扶贫网络平台，截至目前注册用户已突破5 500万人。有关工作人员称APP对于求助者身份有固定要求，即贫困户和驻村干部，每一条求助都经过了双重审核，即身份证验证+国家建档立卡贫困户数据库验证，是有一定保障的。但对于在平台发布的需求目前仅由发布者所在的村级管理部门审核，平台不会二次审核。目前，关于跑步机、啤酒等超出扶贫范围的需求，这位工作人员表示，平台马上就会对需求信息进行审核，并将不合理的需求下架处理。

请根据上述材料回答下面的问题。

（1）针对材料所述，请谈谈你的看法？

（2）你是该APP的负责人，领导要求你挽回局面，录制一个视频向社会说明情况，请现场模拟你会如何进行录制。

（3）在这个情况发生后，导致扶贫APP的使用率和捐款率下降，你作为负责人会如何解决？

试题36：2020年四川公务员考试面试真题（1月11日）

材料：信访局局长为农民工讨薪的视频引发热议

46岁的李海明从警25年，现任蔚县信访局局长、蔚县公安局副局长。近日，一段李局长“怒斥”企业负责人，为农民工讨薪的视频引发热议。

“他们是最弱势的……你们欺负弱势群体。拍拍你们的良心问一问”“谁主管谁负责”“如果解决不了农民工工资问题，我们会向有关部门建议停止你企业在蔚县从事建筑行业建设的资质。”李局长的这些话，就像一块块石头扔出去，迅速在网络上引发强烈反响，很多人都为这位仗义执言的局长点赞。李局长的“怒斥”入情入理，能够引发共鸣，并不让人意外。而随后此事得到圆满解决，百余名农民工拿到了自己的血汗钱，也让人欣慰。毕竟，又到一年寒风起，也该给农民工结账，让他们返乡了。不过，透过这起局长“怒斥”欠薪事件，也让人们再次看到农民工讨薪究竟有多艰难。

经其调解，次日，70多名农民工被拖欠的200万元工资款在信访局当场结清。继其协助讨薪的视频走红后，12月16日、19日，李海明又先后帮助农民工讨薪10万元、70万元。农民工讨薪是年年都被诟病的社会问题，处理欠薪纠纷虽然不在信访局职责范围内，但为了协助农民工维权，他今年已经处理数十起拖欠农民工工资的事件。

局长一发火，事情就顺利解决了。没有辗转支付，也没有拖泥带水，劳资双方直接在信访局就把200多万元工资款交割清楚了，这确实让人欣慰。可问题是，如果局长不发火呢？或者说，局长虽然发火但却又给欠薪企业留下一个还款期限呢？再或者说，局长也发火了，企业也答应还钱了，但局长并未坚持在信访局发钱，结果又能怎样？

请根据上述材料回答下面的问题。

（1）对以上事件，你怎么看？

(2)农民工围堵信访局,李局长不在,问你怎么办?

(3)部门准备给农民工开展法律宣传,请确定一个主题,然后说说你将怎么开展。

试题37:2020年四川公务员考试面试真题(1月12日)

材料:工作时间网上购物引发的思考

11月22日,河南省濮阳经济技术开发区纪工委、濮阳经济技术开发区监察局通报,为强化执纪监督问责,推动干部作风持续优化,根据《中共濮阳经济技术开发区纪工委关于严查工作时间网上购物的通知》(濮经开纪办〔2018〕30号文)要求,11月18日上午,该区纪工委组织人员对区直单位工作纪律开展检查。

通报称,检查发现,分属3个部门的4人仍存在占用上班时间寄送、领取快递等情况,造成快递公司车辆在正常工作期间长时间停留在管委会院内,产生不良影响。通报表示,这些人员违反工作纪律,扰乱正常工作秩序,现对于此次违反工作纪律的人员进行全区通报批评,对所在单位"一把手"进行约谈。

通报要求,被通报单位要及时对违反工作纪律人员进行追责处理,处理情况于通报下发三日内报区党风政风室。

请根据上述材料回答下面的问题。

(1)濮阳对工作期间收发快递作出处罚,有人觉得对,有人说是形式主义,你怎么看?

(2)你怎么帮助单位改善收发快递情况?

(3)同事受到纪委处分,你会如何安慰?

试题38:2020年四川公务员考试(乡镇)面试真题(9月17日)

(1)很多人不愿意扎根基层,身在心不在,流于形式,和群众没有心贴心,对此请谈谈你的看法?

(2)关于中国农民丰收节,请你组织两个有创意的活动,并对其中一个进行阐述。

(3)环保组在镇上督查,有一些老百姓声称养猪场污染环境,要去镇上找工作组反映情况,村支书打电话叫你去处理,你怎么来处理这个问题?

试题39:2020年四川公务员考试(区县)面试真题(9月17日)

(1)疫情进入常态化防控之后恢复摆摊,但是管理过程中,地方政府实行"一刀切"整治占道经营、马路摆摊,对此你怎么看?

(2)市文明办要创建文明城市,现准备调你前去支援,你也很想参加,但你本单位的工作任务很重,你会怎么跟你的领导说明这个事情?

(3)在城管执法行动中,你遇到占道经营、乱摆摊等情况,你作为城管执法人员,你会怎么办?

试题40:2020年四川公务员考试(区县)面试真题(9月18日)

材料:交警人性化的执法方式引发的关注

8月3日,江苏淮安一位75岁大爷骑电动三轮车,因违章被交警拦下,交警经询问得知,大爷的孩子们都出门了,家里只有他一个人,这次进城卖鹅,是想补贴家用。大爷从家里出发到城区,大概 40 里路程,因为路途遥远,他凌晨三点饿着肚子,开着电动车来城里卖鹅,没想到不仅没卖成鹅,还违章了。淮阴区交警大队教导员陈阳介绍说,老人因为不知道现在城里农贸市场不允许活禽交易,只能再拉着鹅回家。听到大爷这样说,陈阳不但没有对他进行罚款还立刻和单位食堂联系,询问能不能买下大爷全部 5 只鹅。最终,大爷的鹅被成功卖出,鹅的费用和宰杀费一共 460 元都付给了大爷。没想到,这件事还有一个温暖的后续,陈阳将这件小事发到朋友圈后,朋友也想在大爷那里买鹅,陈阳就把朋友介绍给了大爷。陈阳说,看到大爷就想到了自己年迈的父母,希望老年人遇到困难都能得到好心人的帮助,看到交警人性化的处理方式,网友纷纷点赞:“谢谢善意的帮助!”“人性执法”“每天都在被善意的小美好感动”。

请根据上述材料回答下面的问题。

(1)你怎么看这一事件?

(2)假如你是大爷所在村的村干部,你怎么帮扶大爷?

(3)假如你是王平,你给大爷孩子打电话希望他们常回来看看,请进行情景模拟。

试题 41:2020 年四川公务员考试(综合)面试真题(9 月 19 日)

(1)徐特立注重品德修养,平生简朴,曾在湖南第一女子师范学校当校长时,把别人抛弃的粉笔头捡起来留给自己上课使用,有学生说他小气,他就用断的粉笔头书写出一首诗,以此教育学生。请据此谈谈对你的启示。

(2)你是一名社区工作人员,领导安排你去调查社区流动人口情况。当你到现场时已经是晚上 9 点多,一些老年人特别是许多退休老干部因为担心安全等理由,拒绝配合调查,请问这时你会怎么办?

(3)请根据两次对话场景回答问题。

领导让小王去负责另外一个项目,小王直接对领导说:这个项目我也没有负责过,我也不会呀!

领导让小王去报送 ×× 资料,小王以时间安排不过来、任务紧为由没有去。

你是小王的同事,你会如何指出小王存在的问题,并向小王提建议?

试题 42:2020 年四川公务员考试(乡镇)面试真题(9 月 19 日)

(1)汗水、知识、灵感、机遇,请你说出它们的含义,并用你的理解排序,并说明理由。

(2)领导安排任务给李大姐布置会场,是下午三点的会议,你下午两点半的时候到了会场,但是发现会场没有布置,然后返乡的农民工已经陆续到达,请问,你会怎么办?

(3)你是“90 后”的大学生小陈,党支部缺了一个岗位,领导安排你去,此时,你的一个老同事质疑你的能力,认为你的资历比较浅,不适合这个工作,你会怎么办?

试题 43:2020 年四川公务员考试(乡镇)面试真题(9 月 20 日)

(1)阅读下面漫画,谈谈你的看法。

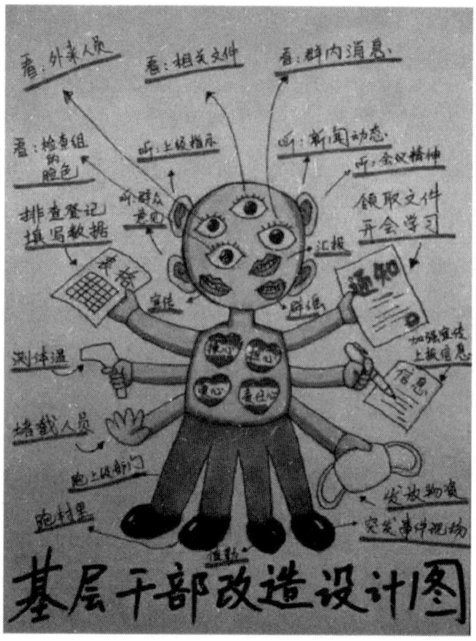

（2）经过乡镇合并，原来的两个村合并为一个村，合并后的村书记和村主任分别是以前两个村的村支部书记，现在两人在工作中经常会起争执，你作为上级领导该怎么办？

（3）现在要推广学习强国 APP 的使用，你所负责的乡镇有 1 100 多名党员，60 岁以上的有 800 多名，不会使用 APP，还有很多外出打工，而上级单位非常看重推广效果，会对推广率进行考察，你该怎么办？

试题 44：2020 年四川公务员考试（区县）面试真题（9 月 20 日）

（1）习近平总书记给袁隆平等科学家的回信谈到了科技和创新，你怎么看科技和创新？

（2）成都夏季运动会招募志愿者，你认为重点是什么？

（3）开展天府书架活动需要 50 本以上的书，怎样确保调查的信息真实有效？

试题 45：2020 年四川公务员考试（综合）面试真题（9 月 20 日）

（1）交警部门出台了新规定，市民可以举报其他人交通违法，给红包奖励，可以抵扣自己违章的分。你怎么看？

（2）对违章建筑进行整治，你会怎么做？

（3）整治存在安全隐患的建筑，让你负责调查，如何做到信息全面真实有效？

试题 46：2020 年四川公务员考试（执法）面试真题（9 月 20 日）

给了一段材料和 9 个防范救灾的项目，分别是：

（1）智慧森林防灭火基础设施建设

（2）应急基础保障数据中心建设

（3）……

任务 1：选出你认为最重要的 1 项，并阐述原因。

任务 2：经过小组讨论，达成统一意见，选择出应该优先开展的 3 个建设项目。

要求：

（1）针对任务1，考生轮流发言，个人阐述3分钟。

（2）6位考生，小组讨论30分钟。

（3）讨论结束后，选择1名代表总结，时间为3分钟，其他同学可以作补充，补充时间总计不超过2分钟。

试题47：2021年四川公务员考试（综合）面试真题（5月21日）

（1）电视剧《觉醒年代》生动地再现了党成立的宏大背景、历史卷轴。自播出以来，受到了很多观众的喜爱，这部剧也让很多人感叹党的奋斗历程的艰辛。这部剧也“带火了”红色基地，尤其是前往参观的主要是年轻人，16周岁以下的年轻人占大多数。对于这种现象你怎么看？

（2）近期，各地频发大火，森林和草原成为易发火灾的地方，给当地的群众人身安全和财产带来了很大的影响。县政府打算派工作人员驻村，如果安排你到村子里，你会怎么扎实地开展森林防火的工作？

（3）你是单位的一名科员，之后你被提拔为你们部门的负责人，但你发现以前和你关系很好的同事慢慢疏远了你，同事聚餐不再邀请你，平时看到你进入办公室后就会立刻沉默。遇到这种情况，请问你怎么办？

试题48：2021年四川公务员考试（区县）面试真题（5月22日）

（1）世界读书日，倡导年轻干部读三本书：“理论书”“历史书”“专业书”，谈谈你的看法？

（2）R市推行“无证明办事”系统后，“数据服务”工作做得很好，领导安排你去调研他们的“无证明办事”系统，你认为开展调研的重点是什么？

（3）小王、小刘抱怨工作压力大、事务繁多，培训和网上多平台刷题安排，工作和学习发生矛盾。小王说“打卡就行”，小刘说，“要认真学，但是要打乱工作计划，可能要占用休息时间处理工作”。请分别给他们提建议。

试题49：2021年四川公务员考试（乡镇）面试真题（5月22日）

（1）3月23日，习近平总书记在实地考察过程中，关注沙县小吃等产业。小木耳大产业，小黄花大产业，沙县小吃全国开店，请谈谈对由小及大的认识和理解。

（2）你社区要开展新冠疫苗接种，部分社区居民不愿意接种。你怎么动员群众接种疫苗？

（3）老郭是脱贫攻坚引进的返乡创业者，经过土地流转，成立了水果专业合作社，种植了几百亩猕猴桃。村民见到种植的猕猴桃收益高，想要多分红。于是在老郭到达种植园时将其围起来，郭某以居民投入太少和合同约定为由拒绝，居民情绪激动。你是乡镇工作人员，领导安排你去处理此事，你怎么做？

试题50：2021年四川公务员考试（部分市州）面试真题（5月22日）

材料：教育部等六部门关于加强新时代乡村教师队伍建设的意见提出以下措施。

一、准确把握时代进程，深刻认识加强新时代乡村教师队伍建设的重要意义和总体要求。

二、加强师德师风建设，激发教师奉献乡村教育的内生动力。

三、创新挖潜编制管理，提高乡村学校教师编制的使用效益。

四、畅通城乡一体配置渠道，重点引导优秀人才向乡村学校流动。

五、创新拓展职业成长通道，让乡村教师获得更广阔的发展空间。

六、教师教育模式，培育符合新时代要求的高质量乡村教师。

七、提高地位待遇，让乡村教师享有应有的社会声望。

八、关心青年教师工作生活，优化在乡村建功立业的制度和人文环境。

九、强化组织领导，确保各项政策措施落到实处。

任务：

（1）第一轮，个人依次发言，针对你认为最重要的三条进行论述。

（2）第二轮，自由讨论，要求形成统一意见。

试题51：2021年四川公务员考试（县级）面试真题（5月23日）

（1）1+1=1，5+7=1，乍一看不对，但是加上单位，1里+1里=1公里，5个月+7个月=1年，你得到什么启示？

（2）上级要求你进行数字化乡村信息调查，怎么才能让收集到的信息全面完整？

（3）群众在办事大厅说，“你们怎么不能向B市学学”，你怎么处理？

试题52：2021年四川公务员考试（乡镇）面试真题（5月23日）

（1）一个关于勤俭的历史典故：古代的季献子和孟献子，一个勤俭一个浪费，请谈谈对你的启示？

（2）县上要规范社区基层治理工作，要求人员专业，标准统一，制度统一，你是镇上工作人员，领导要你按县上的要求做一个本镇社区治理方案。你打算怎么做？

（3）你们村要引进小龙虾养殖产业，有的村民说没养过，有的村民说没有渠道，有的村民不想把土地拿出来，你会通过哪些措施来促进产业及时落地？

试题53：2021年四川公务员考试（执法）面试真题（5月23日）

（1）随着智能手机的普及，越来越多的商业APP为了流量强制索权，怎么看？

（2）你同事因家庭原因需要请假，你接手同事负责的庆祝活动，你准备怎么做？

（3）校园周边网红食品危害青少年健康，某市准备开展整治行动，你认为这项工作最重要的是什么？

试题54：2022年四川公务员考试（综合岗）面试真题（5月20日）

（1）党史教育应常态化、长效化，在我们基层，特别是在农忙时节，基层人员很难进行党史教育的集中性学习，请问你怎么看待这种现象？你在生活当中怎么处理好学习和工作的关系？

（2）A镇距离城区一小时车程，风景秀丽，拥有独特的民俗文化。小郑是一名刚刚大学毕业的毕业生,想回A镇创业,但是不知道从哪里着手。你作为A镇政府的工作人员,也是小郑的好友,你会从哪些方面为小郑提供帮助?

(3)农忙“双抢”,数十名村民为了灌溉设施的抢夺争论不休,矛盾有进一步激化的风险。领导安排你去处理这件事情,你会怎么处理?

试题55:2022年四川公务员考试(省农业厅)面试真题(5月21日)

(1)习近平总书记强调,“应对各种风险挑战,必须着眼国家战略需要,稳住农业基本盘。”对此,请谈谈你的理解。

(2)近段时间,生猪价格波动引发了热议,从年初猪肉价格下跌明显,到5月初不论是北方产区,还是南方销区,生猪价格连续回升。对此,你认为农业农村部门应该怎样具体发挥职能?

(3)农村生活垃圾分类处理是农村社会文明提升的重要体现,也是加快建设新时代美丽乡村的重要举措。为切实改善人居环境,作为村干部,你会怎么推进本村的农村生活垃圾分类及资源化利用工作?

试题56:2022年四川公务员考试(监狱系统)面试真题(5月21日)

材料:家长故意编造谎言在微博上发帖引发的事件

2019年12月10日,广州市方圆实验小学一年级5班的刘妍老师因学生违反纪律,以班规为由让刘某的女儿等5名违纪学生跑10圈,从视频的监控显示,刘某的女儿当天跑跑走走停停共完成9圈,放学后由刘某接走。走的时候,刘某的女儿完全正常,没有任何不适。随后,刘某在微博上发帖,说自己的女儿遭到体罚吐血、凌晨2点被老师威胁殴打,一时间整个媒体舆论纷纷指向了这位老师。

2019年的12月12日,学校暂停了这位老师班主任职务,并对其进行全校通报批评,免去其科组长职务等处理。

令人啼笑皆非的是,在广州白云公安的通报中,发帖人刘某承认其女儿遭体罚吐血等是为了扩大影响而故意编造的谎言。白云区法院对被告人刘某涉嫌寻衅滋事案进行公开开庭审理并当庭宣判,以寻衅滋事罪判处刘某有期徒刑一年六个月,缓刑二年。

请根据上述材料回答下面的问题。

(1)请谈谈你对材料中事件的看法。

(2)刘某造谣中伤他人事件公布后,网络上开始对他及家人进行语言暴力攻击,因承受不了舆论压力,刘某有了轻生的想法。作为刘某的管教狱警,你会怎么办?

(3)为全面提升大学生的法律意识,你单位计划联合高校组织一场法制宣传活动,交由你负责,你会怎么组织?

试题57:2022年四川公务员考试(定向、乡镇)面试真题(5月22日)

(1)每年毕业季时,毕业生基本都要面临到底是去大城市发展,还是回到家乡小县城生活的艰难抉择。毕业生小李说,他更喜欢大城市,要去城市工作奋斗。小王说,自己想回到县城,工作稳定还能陪家人。请结合自己的实际,谈谈你的看法。

（2）日前，中央宣传部、司法部、农业农村部、全国普法办联合印发了《2022年美好生活民法典相伴主题宣传方案》，以“美好生活，民法典相伴”为主题，以“民法典进农村”为重点，在全国组织开展第二个“民法典宣传月”活动。镇领导将这项活动的组织工作交由你负责，你怎么组织？

（3）请在“历史”“未来”这两个词的基础上再补充一个词，用这三个词连成一句话，并谈谈你对这句话的理解与认识。

试题58：2022年四川公务员考试（省直综合管理）面试真题（5月22日）

（1）创建文明城市，有三个选项：厚植道德底蕴，涵养优秀文化，创造良好环境，请你自己再补充一个，并挑其中一项谈谈你的认识。

（2）去年，因为受疫情等许多因素影响，农民的水稻因为其他省份的农机过不来腐烂了。今年要提早谋划，你有什么建议？

（3）要开展家风文化宣传周活动，你认为怎么能有创意地开展这项活动？

试题59：2022年四川公务员考试（行政执法岗）面试真题（5月22日）

（1）全面依法治国要做到忠于党、忠于国家、忠于人民、忠于法律，作为行政执法人员，谈谈你的看法。

（2）小土买到“三无”产品，将商家告上法庭，获得了赔偿。对于职业打假人，请谈谈你的认识？

（3）开展为期一周执法人员与出租车司机互换的活动，你如何组织？

试题60：2022年四川公务员考试（综合岗）面试真题（5月22日）

（1）旅游局引进人才，但是一些人才作风有问题，对这种现象你怎么看？

（2）耳闻之不如目见之，目见之不如足践之。结合自身谈谈你的理解？

（3）单位引进了新的办公软件，员工不想用，你是负责这项工作的工作人员，你会怎么办？

第五章　面试优化部分:语感培养

第一节　散文类

一、感恩,开在心头的一朵花

感恩,开在心头的一朵花

感恩,一个温暖的字眼,仿若春天枝头的一抹阳光,暖情温心!常感恩,深怀念,感恩一生中所有的遇见。

山川迤逦(yǐ lǐ),遇见葳蕤(wēi ruí)丛林;江河雾绕,遇见一湾渡口;苍穹高远,遇见蔚蓝天空;光阴隽美,遇见安暖岁月!

感恩父母,遇见了生命;

感恩岗位,遇见了责任和担当;

感恩家园,遇见一方可以停泊的温馨港湾;

感恩缘分,在最美好的年华遇见了最好的你;

感恩经历,遇见了最精彩的自己。

其实,诵读感恩的点滴故事,总让人盈满幸福的企望。每一次回望成长的路途,一路旖旎(yǐ nǐ),一树花开,也总会有荼靡(tú mí)过后的落红感伤。感恩四季轮回,我们遇见了春暖花开,夏日骄阳,秋香氤氲(yīn yūn),冬之雪藏!

感恩,让我学会了懂得。人生一世,草木一秋,我们从踏上人生旅途那一刻开始,却付出了从青春葱茏到耄耋(mào dié)之年整整几十年的光阴。岁月之路,阡陌纵横,沟沟坎坎。陌上花开璀璨之时,邀上三两知己,煮酒烹茶,与时光对饮,述说着光阴静美的故事。待到秋风瑟瑟,落叶自飘零,归入大地,化为泥土,而那些曾经的鲜衣怒马,和所有的荣耀都随风飘散,化为过眼云烟,成为一个个传奇,典藏在古老的大地。都说人生如酒,岁月当歌,漫漫人生路,懂得了如何取舍,懂得了握在手中的幸福才是值得用一辈子去珍藏!

懂得感恩,学会知足。携一份懂得,回望年少忐忑的心境,方知晓一路弛行的艰辛。路途上无数的困苦、沟壑,随岁月的脚步,被风吹向遥远的天穹。一路跋涉,一路奔波,从不敢懈怠。经年以后,曾经面容清朗,横笛轻吹的少年,早已两鬓斑白,华发丛生。年少时的追梦,看山是山,看水是水,无论前方的道路布满荆棘,崎岖料峭,或沟壑交错,跌宕起伏,然昂扬的斗志引领一路前行。因为懂得,所以执着;因为执着,所以无悔;因为最美的风景,倚在前方路口,娉婷嫣然!

岁月的步伐,从不因四季更迭而停滞,风一直吹动年轮,滚滚向前。坐在光阴的渡口,撒一尾网,打捞起生命里的点滴故事,温馨记忆。朝看日出,沐一身温暖,心从此阳光;暮迎晚霞,闻一缕花香,心从此淡然!谁说,世上没有不散的筵席?那些留在清浅岁月的静美画面,依然楚楚动人铭刻在心底,盘虬生根,旖旎如花。时光的馈赠,无论喜怒哀乐,悲欢离合,都已经无法走出生命的轮回。季节辗转,又何须计较云卷云舒,花开花落。人生苦短,岁月如歌,云淡风轻后沉淀在流年每个路口的感恩,懂得知足,都已经窖藏,酿成陈年老酒,散发出馥郁的岁月馨香!

漫漫人生路,人总是在得到和失去间徘徊。就像行走在漫长的人生旅途上,每个路口都有迥异的风景,一路捡拾,又不断忘记。你在桥上看风景,桥下的人却在仰望着你的风采。懂得感恩,守住知足,安暖岁月在你的手里,缱绻(qiǎn quǎn)盛放,潋滟(liàn yàn)沉香!

记住感恩,懂得感恩,学会感恩,是一种美德,一种优良品格的传承。只知获取而忘却感恩,他所拥有的一切都将如云烟一样,随风而逝,昙花一现。既守不住今日的繁华,与明天的辉煌注定擦肩。感恩,是开在心头的一朵花,每次绽放,每一缕芬芳,都需要精心呵护,潜心打理,方能让这朵花常驻心间,四季芳香!

二、生命柔软,时光清浅

生命柔软,时光清浅

清晨,一轮橘红色的阳光从地平线上升起,给笼罩在氤氲迷雾的大地涂抹上了一层霞光,虽是冬天,浓重的白霜盖住了草丛、田垛、菜蔬、田间、原野。然而这丝丝缕缕黄灿灿的光亮驱散了雾障霜凝朦胧的早晨,犹如穴居久了的生灵凝聚的血液重又活跃起来了。阴冷了一段时日的冬天,乘着这明媚的亮光,几乎家家户户皆争先恐后洗衣搓被单,翻晒被褥,阳光是有味道的,晚上躺在接受了紫外线暴晒的被窝里,郁香浓烈,连做的梦都是那般的甜。

时光的辗转,一如流水般匆匆,指尖的年华,渐渐瘦成了一弦眉弯。坐在光阴深处,捻一瓣心香,将时光走过留下的清喜翻了又翻,看了又看。走过的路,留下的心情,在心间慢慢开出了一朵风雅,丰盈了时光,旖旎了幽香点点。流年中,一些人,来了又去;一些缘,聚了又散;得得失失的行程,浮浮沉沉的心境,总有一些素念,如影随行;总有一些感悟,铭记心间。岁月是一壶陈年的佳酿,越往时光的深处行走,愈会发觉,岁月中不但有山长水远,蓑草绵绵,还隐藏着细微的静好,包蕴着淡淡的清欢。生命的美好在于从走过的行程,经历的风霜中不断走向成熟,待繁华过尽,心素如简,恬淡安然。

不可以消沉,因为还有责任;心,不可以冰冷,因为还有朋友;爱,不可以绝望,因为还有亲人;命,不可以轻视,因为还有父母;泪,不可以轻流,因为还有自尊;情,不可以执着,因为还有伤痛;缘,不可以强求,因为还有离散;苦,不可以倾诉,因为还有自我;伤,不可以流露,因为还有疤痕;诺,不可以轻许,因为还有来世;人生,简简单单就好;生命,健健康康就好;生活,快快乐乐就好。

人的一生中,总有一些不舍的情结,令人难以忘怀。人世间的沧桑变化,人情中的世故冷暖,尘世间的悲欢离合,生活中的酸甜苦辣咸。舍的情结,令人难以割舍。

流年,是一首涓涓不息无字的歌,一直流淌在心田,那人那些事总是惦念不忘。还有或许那些情感,总是难以割舍。

错过的风景总是难以忘记,人生中的遇见,交错,已然是刻骨铭心。时光,就在这念与不念之间渐行渐远,心就在路上,一半明媚,一半忧伤。有些情,虽然短暂,却已然走过心间;有些人,近在咫尺,却是一生无缘。总以为,不再想起,就不再染相思;总以为,不再念起,就不会再有忧伤;总以为,放不下所有,却会在眼泪掉下时转身离开,或者一个不经意间的转身就是永远。

这些往事,将尽藏于心,这些过往,将尘封收藏,不再去问流水无情还是落花无意,也不再执着地找寻有你的天涯。

愿将所有的牵念,化作深深的祝福;你一定要比我幸福,爱若相逢,记住已然足够。有多少光阴可以用来等待?有多少人值得回眸?慢慢地就会发现,一直执着的东西,想着想着就淡了;一直在乎的人,走着走着就散了,谁能执守一颗心,直到永远?谁愿牵一人手,走过沧海桑田?写过太多风花雪月的缠绵;听过太多天长地久的期许,岁月中的一地阑珊,再也无法拾起,有一种相遇叫情深缘浅;有一种结局是曲终人散。

爱过,痛过,哭过,笑过,然后借一方晴空,拥抱阳光,继续坚强。放下该放下的,珍惜所拥有的,一笑而过,安然生活。一支蘸了胭脂的画笔,任你在时光的镜中怎样涂抹,也描摹不出最初的滋味,曾经的风景再美,也只是曾经而已。

只有回不去的过去,没有过不完的当下,伤划在心底,痛过了,终会结茧。其实,我们每个人都比想象中的要坚强。手中的花茶寂寥无声,只留一手的余温,经历过后再想起,那些曾经唱过的歌,依然飘荡在心里;曾经爱过的人,却再也提不起恨,遇到了,莫问是缘是劫,爱过了,别问缘深缘浅,珍惜了,便是永远。在心中留一径浅香给彼此,若忆起,便是温暖。

三、我在路上

我在路上

路还长,我只能独自完成我所选择的如浩渺孤星的一世逆行。

我迷恋着路途,并非是在一个地方待久了感到烦闷,而是渴求新的世界。只有在旅途中,才能全身心地关注一下长久以来被冷落了的自己。我也深深地爱着并享受着不停地走在路上的时光。

很喜欢在那种长长的巷子里漫无目的地走,看那些快乐的风景,走得久了便有不辨东西,远离世事之感。此时的我,便像所有平凡的女孩子一样,想象自己如一片落叶,越走越慢。小巷中的树很少,但阳光总是满满的,遍地都是。强光就像录音机的停止按钮,按下去,小巷便会出奇安静,真希望小巷铺满绿茵茵的草,那绿色的感觉,那安静或烦躁的心情,都将像流动的气泡在小巷内流动,令小巷散发出诱人的香气。

有时会以飞蛾作为榜样,对,飞蛾。它们总是不断地向灯火扑去,也许那是它们的希望和最终归宿，不惜被撞得遍体鳞伤。但它们敢于飞身扑火，那便是一种骄傲、阳光的洒脱，而我受到飞蛾的感染，却不会浪费如此热情如此血气的年华，其实我一无所有，至少还有年轻陪我一起出发！

我向往漂泊，向往流浪，向往一刻也不停地走在路上。可我也知道，那都不是我的方向。未来真的很远啊，远得无边无际，任我想象，未来又是那么近，我甚至可以看到上天牵引我的那根线，尽管我不知道他要把我带到什么方向，也许他并不知道，或许他也只是害怕寂寞的固执的小孩儿，要让我和他一起去远方流浪。我向往的旅途，可以没有连片的金黄麦浪，却不能没有连片的枯燥荒凉。等待与失望都是人生中不可回避的片段，因为相信前方霞光万丈，所以我将坚信以后的路上永远不会迷失方向。前方的路很美，因为它未卜，走过的路也很美，因为它将永恒。

我愿意在路上迎接更美的风景。

[导师点评]通过几篇优美散文的阅读训练，不仅有利于培养考生如何控制自己的语音、语调、语速、语感等技术性问题，更能让考生充分感受生命的意义，学会珍惜生命与感恩社会，懂得如何包容他人和社会，激发内心深处最真挚最善良最美好的情愫。

第二节　演讲类

一、激昂青春志，共筑中国梦

激昂青春志，共筑中国梦

苍茫坤舆，邈远天昊，你我皆是时间中如此微小的一粒，从呱呱坠地到白发苍苍，可有一次记忆让你想起鲜血沸腾凌风而笑？可有一秒可以僭越时间的利刃让你依旧可以阐述得棱角分明？可有一种奔跑一直激励着你在今后的人生道路上勇往直前？

谁用今天的脚步坚定明天的征程，在最最青葱的岁月留下永不忘怀的凯歌。

谁把青春的年岁在赛道上祭献，成为华丽舞坛的王者荣誉加身？

谁将所有的汗水一次倾尽，为集体的荣誉添盏加杯奋斗不息？

谁歌青春无悔生命无止，将失败的泪水温暖成拼搏过的骄傲？

人生的道路荆棘满布，然而在人生的赛道上方的阳光中交织着酝酿着升华着阻挡不住的是音乐、奔跑、掌声、汗水、笑容……

是谁，在奔跑！是谁，在冲刺！似利箭、似飞梭、似大草原上捕猎的猎豹。滚烫的汗水一滴滴流过绷紧的肌肉，折射出动人心魄的光华，这就是热血！这就是青春！这就是生命的咆哮！向着那唯一的终点奔跑，跨越重重阻碍，超越一个个的对手，享受到达后的狂喜与掌声。每当有人问“青春是什么？梦想是什么”，我的脑海中便出现这样一幅画面：少年，以全身心的姿态投注一个个的“终点”，就算跌倒也要立刻爬起，就算受伤也绝不停止自己冲击的脚步。

宁愿在冲击神坛的途中被神所抛弃，也绝不为世俗的王所恩宠！苏格拉底曾言："每个人身上都藏着世界的秘密。"在此我又扪心自问，我的青春是什么？我的中国梦是什么？人生的赛道，只有拼搏，只有奋斗，只有骄傲，只有永不停步！只有在心中唱响"鲜衣怒马少年时"，只有用最华美的汗泪，才能铸就最极致的青春！

"一个人可以一无所有，但是不能没有梦想。"这句话，我一直记得。是的，正是因为有梦想，我们才经历坎坷依然前行，正是因为有梦想，我们才历经沧桑信心不改。

1963 年 8 月 28 日华盛顿林肯纪念堂的广场，人头攒动，呼声烈烈，黑人马丁·路德·金代表以一篇《我有一个梦想》（*I have a dream*）名动世界。

他说："今天，我有一个梦想。我梦想有一天，黑人男孩和女孩将能与白人男孩和女孩情同骨肉，携手并进。今天，我有一个梦想。我梦想有一天，幽谷上升，高山下降；坎坷曲折之路成坦途，圣光披露，满照人间。"

我有一个梦想，少年强则国强，少年独立则国之独立。希望我们的有志青年都能激昂意气，挥斥方遒，共筑中华繁荣富强之梦！

国家的繁荣富强，人民的富裕安康，社会主义制度的巩固和发展需要几代人、十几代人甚至几十代人的努力。艰苦能磨炼人，创业能造人。作为新世纪青年的我们，要树立远大的理想，人的一生只能享受一次青春。我们要坚持勤奋学习，立志成才。青年一代的我们，只有做到艰苦奋斗，才能顺应时代发展的潮流，才能真正地做到把个人的前途和命运与国家、民族的前途和命运紧密相连，为祖国奉献青春，这是当代青年最嘹亮的口号，我真心地希望，这不仅仅是口号，更是我们青年一代的旗帜！

生命对每个人只有一次，而青春则是这仅有的一次生命中易逝的一段。我坚信：流星虽然短暂，但在它划过夜空的一刹那，已经点燃了最美的青春。这让我们肩负起历史的使命，让身体里流淌的血液迸发出激情！让我们都做夜空下那颗闪亮的星星！

历史的接力棒已经交到我们手中，我们要大声宣言：勿忘昨天的苦难与辉煌，无愧今天的责任与使命，不负明天的梦想与追求。

少年，站起来，让我们"激昂青春志，共筑中国梦"！

二、理想与信念

理想与信念

春暖花会开！假如你曾经历过冬天，那么你就会有春天！假如你有着信念，那么春天一定不会遥远；假如你正在付出，那么总有一天你会拥有花开满园。

选择自信，就是选择豁达坦然，就是选择在名利面前岿然不动，就是选择在势力面前昂首挺胸，撑开自信的帆破流向前，展示搏击的风采。

信念的力量在于即使身处逆境，亦能帮助你鼓起前进的船帆；信念的魅力在于即使碰到险运，亦能召唤你鼓起生活的勇气；信念的伟大在于即使遭遇不幸，亦能促使你保持崇高的心灵。

耐力,是一种不显山不露水的执着;是一种不惧风不畏雨的坚忍;是一种不图名不图利的忠诚。

大厦巍然屹立,是因为有坚强的支柱,理想和信仰就是人生大厦的支柱;航船破浪前行,是因为有指示方向的罗盘,理想和信仰就是人生航船的罗盘;列车奔驰千里,是因为有引导它的铁轨,理想和信仰就是人生列车上的铁轨。

风雨过后,眼前会是鸥翔鱼游的天水一色。走出荆棘,前面就是铺满鲜花的康庄大道。登上山顶,脚下便是积翠如云的空蒙山色。在这个世界上,一星陨落,黯淡不了星空灿烂;一花凋零,荒凉不了整个春天。

信念之于人,犹翅膀之于鸟,信念是翱翔的翅膀。

有了执着,生命旅程上的寂寞可以铺成一片蓝天;有了执着,孤单可以演绎成一排鸿雁;有了执着,欢乐可以绽放成满园的鲜花。

在浩瀚的大海中航行,迷失方向,水手将葬身海底;在茫茫的戈壁中跋涉,迷失方向,旅者将暴尸荒野;在无边的探索中寻找希望之光,迷失方向,你将会与成功擦肩而过,抱憾终生。

只有启程,才会到达理想和目的地;只有拼搏,才会获得辉煌的成功;只有播种,才会有收获;只有追求,才会品味堂堂正正的人生。

三、我的少年梦,中国梦

我的少年梦,中国梦

昔有梁启超吟“少年智则国智,少年强则国强”,后有周恩来说“为中华之崛起而读书”,今有习近平主席说“少年要敢于有梦……有梦想,还要脚踏实地,好好读书,才能梦想成真”。可见,少年是中华之根本,少年圆梦则中国圆梦。

“祖国梦即为我梦”。我们要把自己的梦想和祖国的梦想联系起来。站在祖国的角度看自己的梦。不能只顾自己的梦,而将国家的梦抛之脑后,要做到少年梦时刻心系“中国梦”,中国梦就是我们的梦。

每一个怒放的生命,如绽放的花朵,在温暖的阳光下自由地呼吸,在清风中摇曳着自己的风姿,在朗朗明月下进入美丽的梦境。在中国梦的天空 下,我们的祖国会民富国强,人们会拥有爱和自由。在祖国的怀抱里,我们是你温顺的孩子,依赖着你,享受着你的温暖,快乐而幸福。

然而“中国梦”并不是一句空话,需要我们青少年付出坚实的行动。

不畏艰辛,迎难而上是我们首先要做到的。生活就像逆水行舟,不进则退,其中的艰辛,苦涩可想而知。如今社会飞速发展,我们更应该保持这种优良作风,克服重重困难,艰苦奋斗,在逆境中学会坚持不懈,在困难中学会顽强拼搏,在诱惑前学会克制内心,在险境中学会斗智斗勇……

我的梦,中国梦,是一个充满爱的和谐天堂。每一个人都可以实现自己的梦想,生活在新世纪的我们应该有足够的理由相信自己的祖国,有足够的底气构造宏伟蓝图。因为,我们是中国未来的前行军。相信,为了她,你我会时刻充满勇气和力量。面对未知的困难,你我可以从容不迫,应对自如,用青春让梦想激情燃烧。

我的梦,中国梦,是一个充满自由的地方。每个人都有自己的快乐,都有自己的生活,自己的领地。我们自由地爱,自由地飞翔。祖国,请您放心也请您相信:我们会在自由的环境里生活和学习,珍惜每一个机会的青睐,珍惜每一次秒针的滴答,用我们的青春诠释自由的梦,做肆意盛放的花,给你带来芬芳。

蓝天下每一个人都可以有一个中国梦,好像每一个人都可以仰望星空或者拥抱阳光。蓝天下每一个梦想都是一朵花,一个鲜活的生命。梦想之光晶莹璀璨,洒在每个人的脸庞,照亮更加丰沛的人生,也照亮更加灿烂的中国。

"得其大者可以兼其小",只有把人生理想融入国家和民族的事业中,才能最终成就一番事业。从少年到国家栋梁,是一条很长的路,难免遇到沟沟坎坎、挫折困难,这就需要青少年立大志、勤学习、常修德、健身心。"有志者事竟成",决心越大,信心越足,恒心越持久,就越有可能到达成功的彼岸。

我的梦就是中国梦,中国梦就是我的梦。少年圆梦则中国圆梦。让我们激扬青春,放飞梦想,用我们的少年梦去成就伟大的中国梦!

[导师点评]:通过几篇励志类演讲稿的阅读训练,让考生树立起强烈的责任感,既激发自己前进的动力,也唤起对社会的责任,从而能够勇敢面对各种挑战。

第六章　面试补充部分：无领导小组讨论

第一节　无领导小组讨论的基本原理

一、无领导小组讨论的含义

无领导小组讨论是评价中心技术中经常使用的一种测评技术，采用情景模拟的方式对考生进行集体面试。它通过一定数目的考生组成一组（一般为5~7人），进行一小时左右时间的与工作有关问题的讨论，讨论过程中不指定谁是领导，也不指定受测者应坐的位置，让受测者自行安排组织，评价者来观测考生的组织协调能力、口头表达能力，说服能力等各方面的能力和素质是否达到拟任岗位的要求，以及自信程度、进取心、情绪稳定性、反应灵活性等个性特点是否符合拟任岗位的团体气氛，由此来综合评价考生之间的差别。

二、无领导小组讨论的优缺点

（1）无领导小组讨论的优点。无领导小组讨论作为一种有效的测评工具，和其他测评工具比较起来，具有以下几个方面的优点。

一是能测试出笔试和单一面试所不能检测出的能力或者素质；二是能观察到考生之间的相互作用；三是能依据考生的行为特征来对其进行更加全面、合理的评价；四是能够涉及考生的多种能力要素和个性特质；五是能使考生在相对无意之中暴露自已各个方面的特点，因此在预测真实团队中的行为方面有很高的效度；六是能使考生有平等的发挥机会，从而很快地表现出个体上的差异；七是能节省时间，并且能对竞争同一岗位的考生的表现进行同时比较（横向对比）；八是应用范围广，能应用于非技术领域、技术领域、管理领域和其他专业领域等。

（2）无领导小组讨论的缺点。一是对测试题目的要求较高；二是对考官的评分技术要求较高，考官应该接受专门的培训；三是对考生的评价易受考官各个方面特别是主观意见的影响（如偏见和误解），从而导致考官对考生评价结果的不一致；四是考生有存在做戏、表演或者伪装的可能性；五是指定角色的随意性，可能导致考生之间地位的不平等；六是考生的经验可以影响其能力的真正表现。

三、无领导小组讨论的评价标准

在无领导小组讨论中，考官评价的依据标准主要有以下方面。

（1）受测者参与有效发言次数的多少。

（2）受测者是否有随时消除紧张气氛，说服别人，调节争议，创造一个使不大开口讲话的人也想发言的气氛的能力，并最终使众人达成一致意见。

（3）受测者是否能提出自己的见解和方案，同时敢于发表不同意见，并支持或肯定别人的意见，在坚持自己正确意见的基础上根据别人的意见发表自己的观点。

（4）受测者能否倾听他人意见并互相尊重，在别人发言的时候不随意插话。

（5）受测者语言表达、分析问题、概括或归纳总结不同方面意见的能力。

（6）受测者反应的灵敏性、概括的准确性、发言的主动性等。

具体而言，这些标准体系在以下三个方面。

一是语言方面。包括发言主动性、组织协调能力、口头表达能力、辩论说服能力、论点的正确性等，这些不同的要素应根据职位的不同有不同的权重得分。在具体实施过程中，可根据具体情况，确定测评的要素和各要素的权重，以便和具体的岗位、职位相对应。

二是非语言方面。包括面部表情、身体姿势、语调、语速和手势等。

三是个性特点。包括自信程度、进取心、责任心、情绪稳定性、反应灵活性等测评要素。

无领导小组讨论评分表见表 6.1。

表 6.1　无领导小组讨论评分表

测评要素		综合分析能力	组织协调能力	发言主动性	个性特点	语言表达能力	举止仪表
分值		30	25	10	15	15	5
评分标准	好	25~30	20~25	8~10	12~15	12~15	4~5
		能准确把握问题本质，分析客观、全面、透彻，逻辑性强；善于接纳别人的意见并加以合理运用	目标明确，参与意识强；能精准把握各环节；及时消除紧张气氛，合理说服别人，调节争议	发言次数合理，时机恰当，时间分配合理	能认真倾听他人发言，尊重他人，谦逊有礼，有很强的心理承受能力	表达准确、简洁、大方，叙说流畅，无语病	举止文雅，穿着得体，无多余动作
	中	15~24	13~19	5~7	8~11	8~11	2~3
		对事物的本质有一定了解，分析不够全面、不够深入，条理不够清晰；不能有效利用别人的意见	目标基本明确，有一定的参与意识；基本能够参与讨论活动	发言次数少，时机不恰当，时间分配不合理	能听取他人发言，能够做到举手发言，能够做到不随意插话	表达较准确，叙说较流畅，不够简明，有些语病	举止不够大方，穿着整齐
	差	0~14	0~12	0~4	0~7	0~7	0~2
		考虑问题角度单一，就事论事，逻辑性不强；不考虑别人的意见	目标不明确，缺乏参与意识；难以有效融入讨论活动	被动发言，仅发言一次，发言时间短	不能接受相反的意见，随意打断别人的发言，具有一定的攻击性	表达不准确，语言不通畅、累赘，有较多语病	穿着不得体，举止不恰当，多余动作较多

第二节　无领导小组讨论的基本题型

无领导小组讨论的题目一般都是智能性的题目，从形式上来分，可以分为开放式问题、两难问题、多项选择问题、操作性问题和资源争夺问题等5种题型。

一、开放式问题

所谓开放式问题，是指其答案的范围可以很宽广。主要考查考生思考问题时是否全面，是否有针对性，思路是否清晰，是否有新的观点和见解。例如：你认为什么样的领导是好领导？

关于此问题，考生可以从很多方面来回答，如从领导的人格魅力、领导的才能、领导的亲和力、领导的管理取向等方面来回答，可以列出很多的优良品质，可以很全面地得到考生对领导这个概念的认识，可以了解考生心中的领导到底是一个什么样的形象。

对于考官来说，开放式问题的优点是容易出题，容易得到需要的信息。其缺点是不容易对考生进行评价，因为此类问题不太容易引起考生之间的争辩，所考查考生的能力范围较为有限。例如上个问题，对于什么样的领导才是好领导这一问题考生的回答肯定都是朝着一个大的方向发展的，并不会产生很大的意见分歧，所以，考生之间就没有争辩，这也让考官不能进一步了解考生的个性特征，考生的理解能力以及沟通交流的能力。

二、两难问题

所谓两难问题，是让考生在两种互有利弊的答案中选择其中的一种。主要考查考生的分析能力、语言表达能力以及说服力等。例如：在你的观念里，你认为以工作取向为重的领导是好领导？还是以人为取向的领导是好领导？

这一类的问题对于每个有点文化水平的考生而言，不但通俗易懂，而且能够引起充分的辩论；另外对于考官而言，这类题目不但在编制的时候比较简单方便，而且此类题目在评价考生方面也是比较有效的。

但是，我们要注意的一点是，此种类型的题目的两种备选答案一定要有同等程度的利弊，不能是其中一个答案比另一个答案有很明显的选择性优势。只有这样才能让考生可以根据自己的想法认真地选出答案，并且给出自己的依据和观点。

三、多项选择问题

此类问题是让考生在多种备选答案中选择其中有效的几种或对备选答案的重要性进行排序，主要考查考生分析问题实质，抓住问题本质方面的能力。此类问题对于考官来说，比较难于出题目，但对于评价考生各个方面的能力和人格特点则比较有利。我们可以看下面这个有趣的例题。

设想你们是一组宇航员，原打算在月球表面的母舱上集合。在重返大气层的过程中，由于机械故障你们的飞船降落在距离预定地点 200 英里（1 英里 =1.6 千米）的地方，并且飞船上许多机械设备都损坏了，如果要生存必须到达母舱，此时必须从飞船上挑选一些重要物品以应付这 200 英里的旅程。

下面列了 13 项在飞船降落后还保持完好无损的物品，为了确保安全到达集合地点，你们这组人的任务就是按这些物品的重要性对它们进行重新排列，把第一重要的物品放在第一位，第二重要的物品放在第二位，以此类推，最不重要的放在最后。这些物品为：火柴盒；压缩食品；50 英尺长的尼龙绳；跳伞绳；便携式取暖器；小口径手枪；1 罐脱水牛奶；两个 100 毫升的氧气瓶；星位图（月球星座图）；磁质指南针；5 加仑的水；急救箱；太阳能调频收发两用机。请大家讨论正确的排列顺序和理由。

此类问题并没有一个确定的正确答案，考官根据考生的排序以及考生作出的理由陈述，可以考察该考生的性格特点、心理特点等多方面的个性特点。

四、操作性问题

所谓操作性问题，就是给考生一些材料、工具或者道具，让他们利用所给的这些材料，设计出一个或一些由考官指定的物体来，这个过程主要是考查考生的主动性、合作能力以及在一项实际操作任务中的操作能力。

此类测试一般出现在技术性比较强的行业领域里，比如计算机安装和维修，电器安装和维修，还有的就是设计图片或者其他需要实际动手操作的职业。典型的例子比如要求用 POHOTSHOP 这个软件分别设计一个照片的背景，看谁的设计更有创新性或者可以自由寻找合作者，去完成这个在现场就需要实际操作出来的工作。这类操作性问题也可以考察一个小组或者几个人的合作能力，但最能体现的是一个人的实际操作能力，是一种面试技术性人员的好方法。

五、资源争夺问题

此类问题适用于指定角色的无领导小组讨论，是让处于同等地位的考生就有限的资源进行分配，从而考查考生的语言表达能力、分析问题能力、概括或总结能力、发言的积极性和反应的灵敏性等。如让考生担当各个分部门的经理，并就有限数量的资金进行分配，因为要想获得更多的资源，自己必须要有理有据，必须能说服他人，所以此类问题可以引起考生的充分辩论，也有利于考官对考生的评价，但是对讨论题的要求较高，即讨论题本身必须具有角色地位的平等性和准备材料的充分性。如下面的一个例题。

我们现在看到的是一个星级饭店所出现的问题，如果你是经理的话，你认为最需要解决的问题是什么？给下面的选项进行一个你认为适当的排序，然后给出你的理由，并且将你的意见在整个小组中进行讨论，最终需要你们小组得出一个统一的答案。

（1）酒店大堂的钟表除了北京时间，其他各国时间均不准确，并有较大出入。

(2)大堂服务人员不热情,上班时间打私人电话。

(3)酒店客房服务人员不到位,有问题无法及时反馈。

(4)酒店卫生清洁不彻底,有蟑螂。

(5)酒店水温不稳定,毛巾消毒不彻底。

(6)酒店餐厅的饭菜水平较低,自助餐量不够。

(7)酒店娱乐休闲设施档次不够,有宰客行为。

每个人先给出自己的排序并陈述理由,时间2分钟。然后小组讨论30分钟,最后达成一致意见,并给出理由。

这个问题需要每个考生能够充分说出自己的理由,并且需要去说服别人,让别人也同意自己的观点。这个过程必然是个激烈辩论的过程,所谓的"资源"就是最终的排序,每个人都认为自己的排序是最有说服力的。所以,要争夺这个"资源",让剩下的人能够听取自己的建议和意见,这样的话,自己的论据一定要有说服力,要能打动大部分人。最终如果自己的排序和结果相近或者相似,就意味着自己成功了一大半。所以,资源争夺问题也是个很难的问题,对于考生的要求会高很多。

第三节 无领导小组讨论的应对策略

参加无领导小组面试的每一位考生,最想做到的事情就是,在小组的讨论中引起考官的注意,希望能够给大家留下一个深刻的印象。如果想要通过激烈的辩论去说服别人,每一位考生都要注意以下几个问题。

一、发言要积极主动

面试开始后抢先亮出自己的观点,不仅可以给主考官留下较深的印象,而且还有可能引导和左右其他考生的思想和见解,将他们的注意力吸引到自己的思想观点上来,从而争取充当小组中的领导角色。

二、要努力构建在小组中良好的人际关系

其实小组中每一个队友的想法都是差不多的,在是否接受别人观点的考虑中,他会首先考虑他与你的熟悉程度和友善程度,彼此的关系越亲密,就越容易接受你的观点。若他认为彼此是敌对的关系,那么对你的观点的拒绝就是对他的自我保护。所以我们要尊重队友观点,友善待人,不要恶语相向。但为了过分表现自己,对对方观点无端攻击、横加指责、恶语相向,会遭到整个小组的厌恶,这样的人往往只会导致自己最早出局。

三、要善于把握住说服对方的机会

试图说服对方的时候要看好时机,不要在对方情绪激动的时候力图使他改变观点。因

为在情绪激动时，对方的情感多于理智，过于逼迫反而可能使其更加坚持原有的观点，作出过火的行为，造成更难以改变的结果。所以要找准时机，找到与对方言语里共同的观点，引申出自己的观点，让对方在一定程度上能感觉他的观点与你的有相同之处，然后在对方对你稍稍放下敌对心理，对方情绪有所放松的时候合理地提出自己的观点，以及很充分的理由。这样，才能在这场心理战斗中取得胜利。

四、要注意发言的技巧，并且言辞要真诚可信

发言的时候能够设身处地地站在对方立场上考虑问题，理解对方的观点，在此基础上，找出彼此的共同点，引导对方接受自己的观点。整个过程中态度要诚挚，以对问题更深入的分析、更充分的证据来说服对方。

五、要善于抓住问题的实质，言简意赅

任何语言的攻击力和威慑力，归根到底来自语言的真理性和鲜明性。反驳对方的观点不要恶语相加，敌视的态度不能达到有效反驳的目的。从心理学角度看，敌视的态度会使人产生一种反抗心理，因而很难倾听别人的意见。反驳对方观点时，首先要表示出自己的友好态度，在部分肯定对方观点的基础上，再提出自己的一点不同意见，最后在陈述自己观点依据的过程中，放大对方观点的错误性，同时放大自己观点的正确性，让听者能在你的言语中潜移默化地接受你的观点，进而让听者自己否定了对方的观点。

六、要努力充当讨论小组的领导者

在适当的时候对每个发言者的言论逐一点评，寻找充当领导者的机会。最好能找机会成为小组讨论的主席，以展示自己引导讨论及总结的才能。尤其是针对某个发言者所说的问题无突出见解时，自己帮他进行总结。因为争取当一个小组的主席实在是明智之举。在讨论结束之前，你对各成员的交谈要点一一点评，分析优劣，点评不足，并适时拿出自己令人信服的观点，使自己处于讨论的中心，无形中使自己成了领导者的角色，自然就为自己成功“入阁”增加了筹码。当然，这对自己本身的要求就更高了，所以，希望每个考生或者应聘者都能在之前多做训练，平时都要积累自己的这种经验，还要注意提高自己这方面的能力。

从前面的应对策略中我们可以总结出如下几点。

一是得分最高者一定是那个以沉稳的语调提出深刻见解的最后发言者。面试开始后，许多考生抢先亮出自己的观点，这样做不一定给主考官留下深刻的印象，最初不要力图引导和左右其他考生的思想和见解，不要总是把他们的注意力吸引到自己的观点上来，不要争当最初的领导。不要锋芒毕露地对每个发言者的言论逐一点评。正确的做法是，在讨论结束之前，你对各成员的交谈要点一一点评，分析优劣，点评不足，并适时拿出自己令人信服的观点，这时的语调一定要舒缓平和，进入讨论的中心要显得不露痕迹，无形中使自己成了领导者的角色，自然就为自己成功“入阁”增加了筹码。当然，这对自己本身的要求就更高了，所

以，希望每个考生或者应聘者都能在之前多做训练，平时都要积累自己的这种经验，还要注意提高自己这方面的能力。对于每个考生来说，机会只有一次，如果胆小怯场，不敢发言，就等于失去了被考官考察的机会，结局自然不妙。

二是注意人际关系，要有团队精神。其实每个人的想法都是差不多的，影响个人是否接受别人观点的首要因素就是人际关系，即他会先考虑与你的熟悉程度和友善程度，彼此的关系越亲密，越容易接受你的观点。如果他认为彼此存在的是敌对关系，那么对你的观点多半会拒绝。所以我们在充分展现自己才华时，不要对队友恶语相向、横加指责或对对方观点无端攻击，这样的人往往只会导致自己最早出局。试图说服对方时要看好时机，不要在对方情绪激动的时候改变他的观点。因为在情绪激动时，对方的情感多于理智。所以要找准时机，找到与对方言语里共同的观点，引申出自己的观点，让对方在一定程度上能感觉他的观点与你的有相同之处，然后在对方对你稍稍放下敌对心理，对方情绪有所放松时你合理地提出自己的观点以及很充分的理由。这样，才能在这场心理战斗中取得胜利。

三是观点明确，注意交谈技巧。考生应该有自己的观点和主见，即使与别人意见一致时，也可以阐述自己的论据，补充别人发言的不足之处，而不要简单地附和说："某某已经说过了，我与他的看法基本一致。"这样会使人感到你没主见，没个性，缺乏独立精神，甚至还会怀疑你其实根本就没有自己的观点，有欺骗的可能。

第四节　无领导小组讨论的应答模式

通过长期的研究与实践发现，在应对无领导小组讨论的过程中，无论是针对题型的变化，还是问题形式与内容的多元化，都可以用自己比较熟悉的操作模式来应答。下面以一则经典的案例为例加以解析。

一、经典案例

一艘游艇上有八名游客等待救援，但是现在直升机每次只能够救一个人。游艇已坏，不停漏水。寒冷的冬天，刺骨的海水。游客情况如下。

（1）将军，男，69岁，身经百战。

（2）外科医生，女，41岁，医术高明，医德高尚。

（3）大学生，男，19岁，家境贫寒，参加国际奥数比赛获奖。

（4）大学教授，50岁，正主持一个科学领域的项目研究。

（5）运动员，女，23岁，奥运金牌获得者。

（6）经理人，35岁，擅长管理，曾将一大型企业扭亏为盈。

（7）小学校长，53岁，男，劳动模范，五一劳动奖章获得者。

（8）中学教师，女，47岁，桃李满天下，教学经验丰富。

请将这八名游客按照营救的先后顺序排序。要求：3分钟的阅题时间，1分钟的自我观点陈述,15 分钟的小组讨论,1 分钟的总结陈词。

二、应答模式

第一步:明确题意

即要求做什么?任何题目展现在我们面前时,我们要做的第一步就是要明确题目的意思,即题目对我们提出的要求是什么。从本题要求来看,就是将八名游客按照营救的先后顺序排序,即需要排序。

第二步:寻求解题方向

即如何去做?无论何种题型,我们在明确题意之后,马上就应该想到如何着手去解题。本题要求我们进行排序,那就得依据一定的标准,所以解决问题的关键就在于如何确立标准,即标准是否科学、客观、合理、全面。这是解决问题最关键、最重要的环节,否则无法有效完成任务。

如何确立标准呢?此时要依据题意作出快速反应,排序无非是根据时间的先后顺序、事物的因果联系、事件的轻重缓急、人物的重要性程度等来确立标准。案例中设置的是在特定紧急的情况下去救人,很显然是要考虑依据人物的重要性程度来排序。

第三步:落实方案

即如何进行具体操作?标准确立之后,就要根据标准进行具体操作,最终确定营救的先后顺序。那么如何来衡量人物的重要性程度呢?我们又可以从以下多个维度予以考虑:一是对社会的贡献;二是自救能力;三是年龄及性别因素;四是文化程度;五是职务或职称的高低;六是其他因素如文化传统等等。由于无领导小组讨论重在考查考生的分析判断能力,而无标准的答案。因此,我们应牢牢把握一条主线,同时兼顾其他因素来解决问题。

上面所涉及的评判人物重要性程度的各个维度均可以作为单一主线来落实方案,本文拟以对社会贡献的大小作为主线来操作。

首先将需要营救的人员按照职业类别划分开来:将军属于军人;外科医生属于医务工作者;大学教授和大学生属于科技工作者;运动员属于体育工作者;经理人属于经济工作者;小学校长和中学教师则属教育工作者。这种分类既可以相对细化,也可以比较粗略,完全取决于考生的经验和当时的认知状态。

其次是根据社会发展状况将各种职业类别的重要性依次进行排列:科技、经济、教育、医学、其他。此时考生要运用头脑风暴法,充分寻找各种排列的理由。如:科学技术是第一生产力;经济是上层建筑的基础,发展才是硬道理;教育为先,国家要发展,还靠新一代等等。

最后依据各项标准具体确定营救顺序:教授、大学生、经理人、中学教师、小学校长、外科医生、将军、运动员。此时考生要充分利用其他一些维度来具体确定顺序,体现自己观点的全面性与思维的严谨性。如在大学教授和大学生之间应先救大学教授:一是他年龄大,自救能力弱,符合尊老爱幼优良传统;二是他正主持一个项目研究,对人类有较大贡献。而大学生虽有潜力,但他正值壮年,自救能力应该较强。在小学校长与中学教师之间应先救中学教师再救小学校长,其理由是优秀的教师对教育的良性促进作用更来得直接些,况且是女教师,应当先救。在将军和运动员之间应先救将军,因为拿过奥运金牌的年轻运动员,其身体素质应该会比正常人强,生存能力和自救能力方面都会比已经 69 岁的将军更有优势,因此运动员最后才救。

第四步:理清发言思路

即该说什么?将前面完整的思维过程列成一个简要的发言提纲是一个必不可少的步骤,也是处理好后面几个步骤的关键点。如图 6.1 所示。

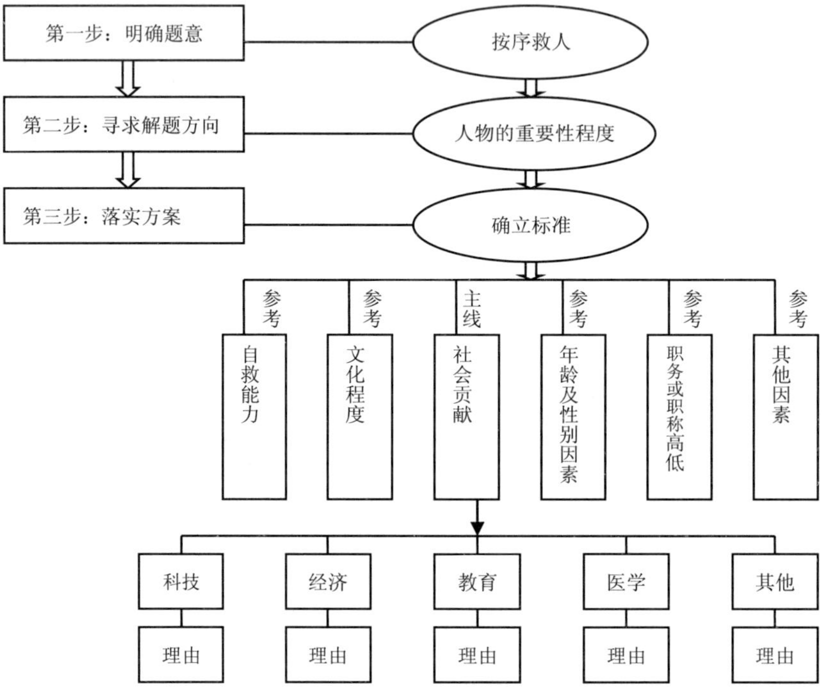

图 6.1　思维过程

第五步:适时调整发言内容

即该如何说?无领导小组讨论是考官通过考生在发言的时机与内容、遭到反驳时的态度、倾听他人谈话时的态度等方面表现出来的能力和素质来对考生作出综合评价。它重在发掘考生中"无形"的领导者,这个"无形"的领导者应当具有海纳百川的宽阔胸怀。因此,考生必须在已准备好的答卷的基础上,通过认真倾听他人的发言情况,在讨论中把握全局,总结别人的观点,对自己的观点予以补充、完善,最终形成自己更加全面的观点。

第六步:正式发言

即该如何把握最佳时机陈述?我们将正式发言作为一个单独的步骤,是基于它的重要性考虑的。考生的发言是观点的阐明、能力的显示、形象的展现,在无领导小组讨论中起决定性的作用。它重在发掘考生中"无形"的领导者,这个"无形"的领导者不仅善于抓住问题的本质,在协调各方观点的基础上条理分明地加以陈述,而且要善于察言观色、机动灵活、随机应变、巧于应答，显示出高超的组织协调能力。总之，考生要善于根据别人的发言或论辩的状况，寻找到一个有效的突破口，能将众多的观点引向一个一致的目标。

很显然，无领导小组讨论中的“六步”是一个环环相扣、层层推进的有机整体。其中明确题意是解题的基础，寻求解题方向是解题的关键所在，落实方案是解题的核心部分，理清发言思路是解题的保障，调整发言内容是解题的重要补充环节，正式发言是解题的灵魂，是整个解题的归结点。

当然，无领导小组讨论“六步法”应答模式并不是万能的，它只是为我们提供了一个具有较强操作性的解题思路和应用模式，其功能的有效发挥是建立在考生具有优良的基本素质和能力的基础之上的。

第五节　无领导小组讨论的模拟试题

一、无领导小组讨论模拟试题一

（一）背景资料

2021 年我国普通高校毕业生达到 900 余万，需要就业的大学生人数和规模都十分庞大，高校毕业生就业形势十分严峻。为此，某人大代表提出以下解决方案。

（1）创业补贴，对大学生创业给予补贴（具体措施若干）。

（2）税费减免，对于录用应届大学毕业生的企业给予税费减免优惠（具体措施若干）。

（3）实习基地，选择若干个企业创办实习基地，为大学生提供实习指导（具体措施若干）。

（4）鼓励大学生去建设西部，有考试加分等措施。

（5）鼓励大学生去中小企业工作，给中小企业贷款方面的补贴。

（6）鼓励大学生去城乡基层工作。

（二）问题与要求

（1）假设你的身份是劳动和社会保障部门的工作人员。

（2）请考生认真读题，从以上的措施中选择三个最重要的措施，并准备发言提纲。时间 5 分钟。

（3）考生直接进入自由讨论，讨论时间 30 分钟。

（4）小组推举一位代表进行总结陈词，时间 3 分钟。

二、无领导小组讨论模拟试题二

(一)背景资料

某大城市外来务工人员较多,为了解决外来务工人员的子女就学问题,开办了一些外来务工人员子弟学校,“启航小学”就是其中之一。但是由于外来务工人员收入不高,所以学校的教育设施比较简陋,师资力量薄弱,卫生状况很差。而且启航小学未在该城市教育部门登记备案,属于擅自开办。根据教育部门已有的文件,凡是未登记备案的教学机构一律要予以取缔。但是一旦取缔启航小学这样的外来务工人员子弟学校,大量外来务工人员的子女将面临失学的危险。现在该市教育部门对此事作了认真的研究,在研究中出现了如下两种意见。

(1)撤销启航小学的教学资格。

(2)破例保留启航小学的教学资格。

(二)问题与要求

(1)请考生认真读题,并准备发言提纲。时间 5 分钟。

(2)考生依次发表个人观点,从上述两种意见中选择一种并对选择的结果做简要陈述。每人时间 3 分钟。

(3)进入自由讨论阶段,经过讨论,小组最后必须形成一个一致性的明确意见,即你们认为是撤销还是保留启航小学的教学资格,要求只能选择一个。时间 20 分钟。

(4)小组选派一名代表,在讨论结束后向考官报告讨论的情况和结果。时间 3 分钟。

三、无领导小组讨论模拟试题三

(一)背景资料

T 市整顿文山会海现象取得了一定成效,节省了会议费用、公务员时间等等,但出现了矫枉过正的现象,一个关于煤气价格的新闻发布会仅进行了 160 秒,媒体还没来得及采访就结束了,网友戏称史上最短发布会,也因此招来媒体质疑精简会议的标准。

(二)问题与要求

(1)请考生认真读题,并准备发言提纲,时间 5 分钟。

(2)就史上最短新闻发布会谈谈你的看法,轮流发言,每人 3 分钟。

(3)进入自由讨论阶段,经过讨论,小组最后必须达成一致意见,并就媒体的疑问进行答复,时间 20 分钟。

(4)小组选派一名代表,在讨论结束后向考官报告讨论的情况和结果。时间 3 分钟。

四、无领导小组讨论模拟试题四

（一）背景资料

饭圈文化，实际上就是一群粉丝组成的组织和团体，自发地给偶像助威或宣传。饭圈的规则和价值标准都很扭曲，长期处在其中，个人的思维习惯，处事方式难免不受到影响，最终造成诸多负面影响。最近，国家重拳出击，集中整治饭圈文化乱象问题，具体措施如下。

（1）取消明星艺人榜单。

（2）严管明星经纪公司。

（3）强化节目设置管理。

（4）严控未成年人参与。

（5）实时监测群组动态。

（6）加强舆论教育引导。

（二）问题与要求

（1）请考生认真读题，从以上的措施中选择三个最重要的措施，并准备发言提纲。时间5分钟。

（2）考生直接进入自由讨论，小组最后必须达成一致意见，讨论时间30分钟。

（3）小组推举一位代表进行总结陈词，时间3分钟。

五、无领导小组讨论模拟试题五

（一）背景资料

中办国办近日印发了《关于进一步减轻义务教育阶段学生作业负担和校外培训负担的意见》（简称《意见》），《意见》中规定了要全面压减作业总量和时长，减轻学生过重作业负担，还要坚持从严治理，全面规范校外培训行为等举措，让教育回归正轨，将孩子从校外学科类补习当中解放出来，减轻家长难以承受的教育支出负担。请考生结合实际提出三条具体有效落实《意见》精神的举措。

（二）问题与要求

（1）请考生认真读题，并准备发言提纲。时间5分钟。

（2）考生依次发表个人观点，明确提出自己的三条建议并作简要陈述。每人时间3分钟。

（3）进入自由讨论阶段，经过讨论，小组最后必须根据每条措施的必要性和重要性，形成统一的三条建议。时间20分钟。

（4）小组选派一名代表，在讨论结束后向考官报告讨论的情况和结果。时间3分钟。

六、无领导小组讨论模拟试题六

（一）背景资料

四川省语言文字工作委员会发出《关于在全省党政机关和事业单位进一步推广使用普通话的通知》（简称《通知》），就全省党政机关和事业单位进一步推广使用普通话提出具体要求。《通知》要求，各级党政机关、事业单位公务人员在以下公务场合必须使用普通话：执行公务；公务活动、会议的主持和发言等；对外宣传，包括接受新闻采访、新闻发布等；接听电话、接待来宾来访、对外联系工作等。

此外，《通知》还要求新入职公务人员原则上普通话水平不得低于三级甲等。

对此，不少人认为公务员在公务场合使用普通话还是必要的，但没有必要规定具体的普通话水平与等级。

（二）问题与要求

（1）请考生认真读题，并准备发言提纲。时间5分钟。

（2）考生依次发表对《通知》要求所持的个人观点并作简要陈述。每人时间3分钟。

（3）进入自由讨论阶段，经过讨论，小组最后必须形成一致性的明确意见。时间20分钟。

（4）小组选派一名代表，在讨论结束后向考官报告讨论的情况和结果。时间3分钟。

七、无领导小组讨论模拟试题七

（一）背景资料

如果你是经理的话，你认为星级饭店最需要解决的问题是什么？

（1）酒店大堂的钟表除了北京时间，其他各国时间均不准确，并有较大出入。

（2）大堂服务人员不热情，上班时间打私人电话。

（3）酒店水温不稳定，毛巾消毒不彻底。

（4）酒店餐厅的饭菜水平较低，自助餐分量不够。

（5）酒店娱乐休闲设施档次不够，有宰客行为。

（二）问题与要求

（1）请考生认真读题，并准备发言提纲，时间5分钟。

（2）每个人先给出自己的排序并陈述理由，时间2分钟。

（3）进入自由讨论阶段，经过讨论，小组最后必须形成一个一致性的明确意见，时间20分钟。

（4）小组选派一名代表，在讨论结束后向考官报告讨论的情况和结果，时间3分钟。